不舍论语

何俊 著

华东师范大学出版社
上海

图书在版编目(CIP)数据

不舍论语/何俊著.—上海:华东师范大学出版社,2017
ISBN 978-7-5675-6523-4

Ⅰ.①不… Ⅱ.①何… Ⅲ.①儒家②《论语》-研究
Ⅳ.①B222.25

中国版本图书馆 CIP 数据核字(2017)第 121524 号

不舍论语

著　者　何　俊
责任编辑　吕振宇
装帧设计　高　山

出版发行　华东师范大学出版社
社　　址　上海市中山北路 3663 号　邮编 200062
网　　址　www.ecnupress.com.cn
电　　话　021-60821666　行政传真 021-62572105
客服电话　021-62865537　门市(邮购)电话 021-62869887
地　　址　上海市中山北路 3663 号华东师范大学校内先锋路口
网　　店　http://hdsdcbs.tmall.com

印 刷 者　上海新华印刷有限公司
开　　本　890×1240　32 开
印　　张　12
字　　数　224 千字
版　　次　2017 年 7 月第 1 版
印　　次　2024 年 1 月第 2 次
书　　号　ISBN 978-7-5675-6523-4/Z·071
定　　价　39.80 元

出版人　王　焰

(如发现本版图书有印订质量问题,请寄回本社客服中心调换或电话 021-62865537 联系)

目 录

1	序
1	引子
3	一　半部《论语》
5	二　手舞足蹈
1	学而第一
17	为政第二
35	八佾第三
55	里仁第四
73	公冶长第五
93	雍也第六
113	述而第七
139	泰伯第八
155	子罕第九
177	乡党第十
191	先进第十一
209	颜渊第十二
227	子路第十三
249	宪问第十四
279	卫灵公第十五

305	季氏第十六
317	阳货第十七
337	微子第十八
347	子张第十九
365	尧曰第二十
370	跋

序

乙未年,我想接着甲午年的《不舍国学》,继续写微信体国学读本。《不舍国学》最后三章分别讲了《大学》、《儒行》和《中庸》,接着就该写《论语》了,书名即题《不舍论语》。

《论语》第十卷旧题一章,现通行分十七节,如此全书共计五百零八章。《不舍国学》约十万字,现也以此为参考,则每章自限二百字,含标点符号。正文前,先写两则介绍,各千言,一讲《论语》这本书,二说如何读,以为引子。

曾想不逐章写,择些名目以为专题。后寻思此等所谓建构,不如前贤读经之敬诚,故宁拙勿巧,逐章读下为宜。由于我的解读没有着意于原文译注,初学者可能会觉得有点困难,故建议另备杨伯峻先生的《论语译注》参阅。

寒假中尝试着解读《学而第一》。积年已不知读过多少遍,待写始知真要解读,且限每章二百字,实亦不易。有时一章竟写了两个小时,甚至干脆搁笔。

嘘!友人问:"你真以为会有多少人读吗?"我回答:"没想过,也没法想。就如做一天和尚,撞一天钟吧。反正我又做不了别的。万一有人读,像你一样,不也没白写吗?"

逝者如斯,不舍昼夜。

何　俊

乙未正月初三识

一 半部《论语》

"半部《论语》"的说法,是因北宋的宰相赵普而被大家熟知的。传说他平常也不太读书,所知不超出《论语》,但他做宰相也够了,而且是"半部《论语》治天下":用前半部辅佐宋太祖,用后半部辅佐宋太宗。

这也许是历史中的趣谈,但"半部《论语》"恐怕不完全是空穴来风。现在通行的《论语》共有二十篇,但如仔细看,前十篇似乎构成了一个完整的单位。这十篇中,前九篇记录了孔子应答学生与时人的话,以及学生相互记录的孔子教诲,总之主要是语录,这正是《论语》的基本风格;但最后一篇《乡党》记录的却不是语录,而主要是孔子日常生活中的行为。言与行,已呈现了孔子完整的形象。

《论语》的后十篇好像是前十篇的续编,不仅略有重复,而且编到第十九篇似乎也基本完成了。不知是否为了凑个整数,硬是加了一篇,只是这最后的第二十篇实在太短,只有三章。

《论语》如此,是因为它的编纂时间很长,编者也不是几个人。虽然孔子逝世后,弟子们就开始整理他的语录,记录他的行为,但这个过程却很长,不仅经过了几代弟子,而且还形成了不同区域的本子。到汉代时,还分别流传齐《论语》与鲁《论语》两个大的系统,加之其他的版本,至少有十二种。我们现在看到的《论语》,大致是到东汉才最终固定下来的,以鲁《论语》为主。

孔子一生讲学很久,弟子三千,著名的也有七十二人。他的教学是因人施教,随事指点,每个学生记下的东西是零碎而又不完全相同,学生又有自己的偏向,孔子去世后,儒家就分成八派。因此《论语》究竟由谁编纂,结果自然就有很大的不同了。宋儒比较倾向认为是有子、曾子一派承担了主要的编纂工作;但对于这样的编纂工作,有的宋儒认为是很好地把握了孔子的精神,有的宋儒却不以为然,以为多少是将孔子片面化了。

不难想象,无论如何,《论语》中的孔子形象,一定不如真实的来得鲜活与丰富。但是,尽管是有缺憾的,二千多年来的孔子形象却因此而树立,《论语》终究是后人感知孔子最重要的依托。感知孔子,《论语》是不完备的,但却是必须的,近乎是唯一的。

相对于真实的孔子,《论语》中孔子的一言一行,仿佛是一勺水相对于海。一勺水当然远不是海,但海却由这一勺一勺的水汇成。对于无缘看海的人,只能由涓流所汇来想象。这实在很难!海的深厚与宽广,海的宁静与汹涌,海的涤荡与包藏,实在难以由一勺一勺的水来感知与想象。当年司马迁读了孔子的书,想象孔子,借用《诗经》中的"高山仰止,景行行止"来感慨,应该是由衷的心境。

二　手舞足蹈

北宋的程颐讲,同样读《论语》,有的人读了全然无事,有的人喜欢一二句,有的人明白并喜欢上了,有的人竟能读到手舞足蹈的境地。差别怎么会这么大呢?程颐讲自己十七八岁就读《论语》了,当时就能理解,但后来读得久了,才觉得意味深长。原因也许就在这其中:理解了文字上的意思,并不等于真正体会到其中的滋味。味道常常难以言喻,多半需要品尝。这品尝,就因时因地因事因人了,变化万端。有时虽是极高明的人,也未必能品尝到某物的妙处。比如黑格尔对《论语》,就觉得无甚稀奇,以为充其量只是一个睿智的老人,饱经风霜后说了一些世故的经验之语。

不从学理上分析,只是从文本上看,《论语》的确很普通,零零星星,说来说去,无外是日常生活中的那些事,偶尔加上一些心得。这些事,好像离现在的生活已经很远,那些心得,也似乎和今人的心境隔着一些东西。时过境迁,《论语》早已不像它在古时候那么重要了。而且,《论语》记录下来的孔子和他的弟子们的讲话,只是说是这样,或者要那样,比如说:"君子喻于义,小人喻于利。"可是为什么呢?《论语》里面多半没有解释。现代人崇尚自主精神,岂能不加质疑! 现在有许多书,从学理上分析《论语》,阐明在极普通的日常话语中,潜藏着深刻的理论与卓越的思想。只是,人们知道了这些理论与思想,却未必培植起对《论语》的亲切感。因此,读《论语》终是到不了手舞足蹈的境地。

从汉代起,解释《论语》的书实在很多了,至少三千种以上吧。每个时代都有人去解读《论语》,又说明《论语》留给读者很大的空间,可以让每个时代的人触摸到自己的境遇。这些解读《论语》的书,与其说是对《论语》的解读,不如说是解读者对自己时代与生活的解读。但是,这些解读终究又是因为《论语》而起,它们似乎也可以说是《论语》长长的接续。当然,在这么多的接续中,有些很重要,有些不免狗尾续貂。

最重要的还是《论语》本身,其次是自己的生活,别的任何解读大概可视作与自己交流的朋友吧。前人建议,读《论语》要先通晓文义,知道说了什么,然后再体会它为什么要这样讲。如果《论语》中的文字能与自己的生活暗合,相互印证,也许就会品尝到其中的味道,那时便不免心喜,甚至手舞足蹈。如果还年轻,《论语》中有些话自然无法品味;也许有人已活过七十三岁,比孔子年长,但二千五百多年前的七十三岁,放现在,差不多该过百岁了吧。也许女人例外,可以不理会属于男人话语的《论语》,不过如果愿意,《论语》仍然是女人的一面镜子,事实上它也一直是。

学而第一

学而时习之,不亦说乎?

有朋自远方来,不亦乐乎?

人不知而不愠,不亦君子乎?

学而第一

一　学而时习之章

子曰:"学而时习之,不亦说乎?有朋自远方来,不亦乐乎?人不知而不愠,不亦君子乎?"

学是前提,可知孔子是理性的;落实在习,则知孔子又是经验的。学而时习,人的生命才不断充实而富有生气,也自然会内心喜悦。

朋来而乐,有说是学习的功效,只是古人更愿强调朋友的切磋共鸣,所乐不在成功,而在彼此砥砺。但也不必刻意忌讳功效,否则学而时习之悦又从何而来?也不会进而强调"人不知而不愠"了。

由悦而乐,是由隐而显、由传承而创造公共价值的理想过程,只是悦未必能进到乐,所以不愠既是君子的雅量,也是小我放下的成就。

二　有子曰其为人也孝弟章

有子曰:"其为人也孝弟,而好犯上者,鲜矣;不好犯上,而好作乱者,未之有也。君子务本,本立而道生。孝弟也者,其为仁之本与?"

有子这段话,前一句稍嫌绝对了些,自古孝悌之人犯上作乱也是有的。但也宜细嚼"鲜"与"未之有"的区别,可体会古人讲话的分寸。

后一句深得儒家精神。仁是孔子思想核心,旨在爱人。爱是情怀,由亲情开始培植，真实而亲切，故说孝、悌是仁之本。本是起点之意。中国社会以家庭为本位，正与此精神相表里。

五四反礼教，炮轰家庭。又以家庭为私有制源头，破私始于毁家。殊不知家庭正是训练公私心的组织。欲跳开家庭，以个人接社会，可榷。

三　巧言令色鲜矣仁章

子曰："巧言令色，鲜矣仁！"

"鲜"通常表示"很少"，此处表示"绝无"。朱子讲这是孔子用词不迫切，但读者却要深戒。

为什么巧言令色受到如此严厉的否定？因为仁是一种情怀。情之可贵，在乎真诚。巧言令色，便有揣测迎合的成分在。情非发自内心，真诚既失，虚伪即起，仁便无从谈起。

谁又愿意巧言令色呢？总也是有求于人，无奈而为之，偏偏人又喜欢被奉承。但这是两码事。一旦巧言令色，人便失了真诚，却是事实。

不过这话的语境，也可能是孔子对当政者的揭露。

四　曾子曰吾日三省吾身章

曾子曰："吾日三省吾身：为人谋而不忠乎？与朋友交而不信乎？

传不习乎?"

三省之事,修己及人都在其中。忠、信只是分内外说,忠是对心,信是对事。凡事尽心,也就是忠,自然也易守信。

当然,时过境迁,事有不必然,信也是难的。什么是信?也可细辨。循理无违为信,信则据于义。

三省之事,"传不习乎"想来最重要,也可涵盖忠、信,忠、信总是属于所传的内容。王阳明的书取名《传习录》,也可见传习的重要。人在年轻时,学而时习应该,中年以后仍能自省"传不习乎",不容易。

据说曾子此三省是晚年所讲,滋味可谓深长。

五 道千乘之国章

子曰:"道千乘之国,敬事而信,节用而爱人,使民以时。"

孔子讲治国,也都从平常事切入。敬事、信、节用、爱人、使民以时,此五条看似简明无奇,真能做好,照程颐讲,虽尧、舜之治亦不过此。

五事之间的内在关系,朱熹讲是"反复相因,各有次第":只有前一条做到了,才可能有后一条,也必须是后一条。敬了,才可能信;有了信,才可能做事;一做事,便要节用。用稻盛和夫重生日航的管理哲学,节用就是提高核算意识。有此意识,便知人的成本最大。中国经济进入新常态,才明白要节用、爱人。

六　弟子入则孝章

子曰："弟子入则孝,出则弟,谨而信,泛爱众而亲仁。行有余力,则以学文。"

此章在后儒的认识上是颇生歧义的,即在今日,虽一般人混然不知此语,但若问及其中的道理,仍不免分歧。

通常的理解,做后辈的,以力行为重,行有余力,再学习知识。如此,学文便是力行的附庸。中国社会普遍有重经验、轻理论的传统,乃至种种读书无用论,概与此有关。

朱熹曾力驳此解,强调若力行而不学文,不仅难识力行的道理,且有更坏的胡作非为。朱熹讲,人岂会一天到晚在那里入孝出弟、爱众亲仁？做事就做事,事情做罢,就应读书。

七　贤贤易色章

子夏曰："贤贤易色；事父母,能竭其力；事君,能致其身；与朋友交,言而有信。虽曰未学,吾必谓之学矣。"

读《论语》,须弄清谁在讲,体会语境。

如此章,力挺践履,甚至以行称学。与上一章力行与学文并重有悖。但若意识到,这是子夏讲的,而子夏是孔门中学问最有名者,他的学生想必也是冲着他的学问而来,则可以想见他的这一番话,应是有所针对的,甚至不免是对学生们讲的矫枉过正的气话。

故前人讲子夏此话,用意虽善,但抑扬太过,有废学之弊。这也足以提醒人,无论讲话,还是听话,都应注意。此亦难,正如首句中的"贤贤易色"一样,很难。

八 君子不重则不威章

子曰:"君子不重,则不威;学则不固。主忠信。无友不如己者。过则勿惮改。"

孔子教人,重在内涵培植,人性充实,外在呈现由内涵决定,否则是不靠谱的。

学则不固的"固"字,有两种完全相反的解释:一是贬义,鄙固;二是褒义,坚固。但对整个句子的理解没有分歧,都强调学,只是与前句分开读,或顺着读不同而已。

无友不如己,通常是说要与比自己优秀的人交朋友。对自己有这样的期望,当然是对的。但如作为一个抽象而普遍的命题,就难以同时对人对己都成立。如能从宽处看,凡人皆有胜于自己的地方,则较合理。

九 慎终追远章

曾子曰:"慎终追远,民德归厚矣。"

人活一辈子,生死为大事。生,容易当回事;死,则容易草率。慎终,强调丧礼要认真,事死如事生,终始一贯,人生圆满。追远,则讲祭礼,追念先人。人对眼前所见的,容易亲切,隔得远了,便容易淡。

重生,近亲,这也是常情。强调慎终追远,为的是培养人厚重敬诚的精神,即所谓民德归厚。

孔子时代世俗化程度已高,如何于世俗生活中树立人生的意义,并不容易。儒家重视丧、祭二礼,原由在此;程颐强调慎终追远不只是为丧、祭,原因也在此。

十 夫子至于是邦章

子禽问于子贡曰:"夫子至于是邦也,必闻其政,求之与?抑与之与?"子贡曰:"夫子温、良、恭、俭、让以得之。夫子之求之也,其诸异乎人之求之与?"

孔子的形象,《论语》中有许多描述,此章的"温"、"良"、"恭"、"俭"、"让",便是言简义丰、极其生动的代表。这五个字也因此成为后世中国人心目中的理想品格,与此相反的形象称作"骘"、"齧"、"媟"、"侈"、"冒"。

不舍论语

这些形象,当然由人的行为呈现出来,如待人慎容便是恭,轻慢便是媒。但也决不可拘泥于具体的行为。故朱熹讲,要看到这五字所传递出的是怎样的气象。

气象二字亦难描述,或可设想,今与一人相处,能让自己感到心安放松,亲切可信任,并充满睿智,难道还不愿请教?

十一　父在观其志章

子曰:"父在,观其志;父没,观其行;三年无改于父之道,可谓孝矣。"

此章前半句易解。观志、观行,从思想与行为两方面观察。当然,这里的假设是,父亲在时,儿子尚未独立,无从见行为,只能看志向。换在今天,也许儿子出道早,子也未必承父业,但观志与观行仍是两个不可或缺的方面。

此章难解的是后半句。为什么必须三年不改变父亲的事,才称得上孝?前人也多指出,父亲的事如果无必要改,自然可不改,如果应该改,甚至必须改,何须三年,当下即应改。故前人也推测,孔子讲这话,应是针对具体事情而言。

十二　礼之用和为贵章

有子曰:"礼之用,和为贵。先王之道,斯为美;小大由之。有所不行,知和而和,不以礼节之,亦不可行也。"

人类是社会动物,一切活动莫不有赖于制度,礼制即孔子时代的制度。

制度的创设,依据人类活动的内在机理,规范人的思想与行为,这种规范当然是一种制约。但制度的根本功能,却不在制约人,而在协调理顺人的活动,故一切制度的施用,当以此为目标。

另一方面,又须强调,虽然协调理顺是根本目的,但又不能为此目的而违背制度,因为制度是具有内在依据的,违背制度意味着违背了人类活动的机理,终不可行。

此章足见儒家对于制度的深思。

十三 信近于义章

有子曰:"信近于义,言可复也。恭近于礼,远耻辱也。因不失其亲,亦可宗也。"

曾子三省之一有信的问题,守信很难,因时空有变。此章有子加了一个条件,信近于义,这就容易做到。可见儒家讲信是据于义的,义合乎理。

同样,恭是孔子形象的正面描述,但如不合乎礼,失其分寸,也容易迹近谄媚而自取耻辱。

最后一句,践行尤难。因是依傍,亲是相亲,宗是宗主,三者由轻而重,由浅入深。人皆须交往,若初交不慎,又搞得火热,最终不免陷于人身依附。朱熹当年曾举官场上的依傍宗主关系,正为今日反腐的一串串所证实。

十四　君子食无求饱章

子曰:"君子食无求饱,居无求安,敏于事而慎于言,就有道而正焉,可谓好学也已。"

食与居,生活所必需,但生活不仅是食与居。人心如别有怀想与寄托,食与居自然会退而次之。

话容易多,行常不足,故要敏于事而慎于言。

能够做到这四点,实已不容易,但仅此只是形式,必须就有道而正,才是真的好学。

孔子强调就有道而正,而不是自己读书。照荀子的解释,因为书各有不足,跟着人学,更亲切与周全。不过,跟人学也很容易偷懒,甚至流于皮相。常见一些人,学艺虽未精,派头已十足。只有自己花了工夫,跟人学才真有收获。

十五　贫而无谄章

子贡曰:"贫而无谄,富而无骄,何如?"子曰:"可也;未若贫而乐,富而好礼者也。"子贡曰:"《诗》云'如切如磋,如琢如磨',其斯之谓与?"子曰:"赐也,始可与言《诗》已矣,告诸往而知来者。"

子贡是孔子学生中的首富,他体会到了贫无谄、富无骄的道理。但孔子告知他,还有贫而乐、富而好礼的更上一层的境界。两者的深浅高下,分明显见。

前人亦指出,无谄无骄只是止于有守,乐与好礼才是进而有为。但现实生活中,能到无谄无骄,恐亦难得。

本来贫无谄难,富无骄相对容易些,但如今"有钱就任性"似也成了新常态。

此章精神又不限于这一话题本身。子贡引《诗》喻理而得孔子嘉许,点出此章更有普遍的精神关怀:人生工夫须着实而精进。

十六 不患人之不己知章

子曰:"不患人之不己知,患不知人也。"

两千五百多年前孔子讲这话,可能有个别弟子担心别人不晓得自己。八百多年前朱子解释此章时讲:"今人都倒做了工夫!"现在有了互联网以后,技术手段让这病充分暴露:普天之下只要是个人,仿佛都在变着法子想让别人知道自己。

让别人了解自己,并不错。孔子的意思就像朱子理解的,工夫不要做倒了。知己就是要充养自己;自己成长了,就能明白些道理,进而知人,也能被人知。

人往往急,孔子提醒不要急,不要担心无人识货,就怕自己不是个东西。

答问

《学而卷一》读完,择二三问而答之,谢谢大家阅读!

问一:
《论语》中的道理,讲易做难,怎么办?

答:
这一困惑我四十岁以前一直有。自知浑身俗骨,却偏偏做了教书匠,且教圣贤书,如何是好?

后来渐渐释怀,何必因人而废言呢?对人不苛求,对己也要宽容。言传与身教,能统一,当然完美;不能统一,也各有价值。

做人很难完美,讲理却应透彻。人都有病,而理终是理。唯因有理在,才知自己有病。故西方的奥勒留皇帝的《沉思录》、培根的《人生论》,以及中国的许多家训世范,都会流传下来。即便寻常父母,也不因自己做不好,做不到,而不提醒儿女学好做到。

世事宜从宽看,道理要往细讲。道理弄清楚,虽不能至,也可心向往之。

尝见一些中年友人,尤其是事业有成者,易视一切道理都不过是陈词滥调,甚至轻薄古人。其实这对古人无妨,只是让自己浅薄了。

问二:

许多话像是起了个头,为什么要自限每章二百字?

答:

一是考虑与去年的《不舍国学》篇幅相近,二是考虑微信,三是自设此标准可逼迫自己不要放言无归。解读下来,始觉这样的自设标准是非常有意义的。

有些明显觉得不必解读的,就不提了,比如"君子不重则不威"章中的"过则勿惮改"句。当然,有些也会误判,比如"贤贤易色"章中的"贤贤易色",以为不用解读了,但许多读者不知其义。

有些细微处必须交待的,又需斟酌。比如"巧言令色鲜矣仁"章讲"鲜"字时,既要说明表示"绝无",又要点出孔子这里"用词不迫切"。当然,仅此,为什么"用词不迫切"?其意味仍需读者细品。

总之,这样的自设标准,不仅让我解读时更用心,而且更让我对法度与标准有了很亲切的体会。

问三:

有些话,如结合今天的生活解读,是否更好?

答:

应该是能有助于理解吧。只是字数有限,操作很难。

不过,一旦举例,也往往会囿于事例而损害义理的理解。

也许我们应该意识到,《论语》的话语,虽有它的历史语境,但指向的却是存于具体人与事中的人心。

千古不灭同此心,故《论语》的话语,不借助事例,其实也能扣动今人的心弦,因为今人的生活中同样存有自己的心。当然能否自觉,又另当别论了。

为政第二

> 道之以政,齐之以刑,民免而无耻;道之以德,齐之以礼,有耻且格。

为政第二

一　为政以德章

子曰:"为政以德,譬如北辰,居其所而众星共之。"

孔子倡言德政,或以为迂腐,不重制度,其实大谬。强调德政,决非不要制度。治理社会,依靠制度几乎是常识。孔子立说,全从日常生活来,岂有不知!

强调为政以德,不是用德去行政,也不是什么以身作则,更不是无所作为,空谈道德,而是强调政治的依据在于德。

缺德的政治,就是不具有合理性的政治。不具有合理性的政治,固然可以强迫人,但无法感化人,早晚行不通。

为政以德,才能感召人,才能招商引资,才能吸引移民,即众星拱北辰。

二　诗三百章

子曰:"《诗》三百,一言以蔽之,曰'思无邪'。"

《诗经》是孔门诗教的重要载体。为什么有此功能?此章告知重要依据:《诗》三百能让人"思无邪"。

所谓无邪,就是人不偏激,得情性之正。但这一功能究竟是因为

《诗》三百本身有这样的特性呢?还是需要读《诗》的人自身用心?

朱子好像是强调后者。他说《诗》三百中"有邪底多","思无邪"的功能是依靠善的可以感发人的善心,恶的可以惩创人的逸志。

不过《史记》讲,《国风》好色而不淫,《小雅》怨诽而不乱。似乎还是肯定《诗》三百本身。

三 道之以政章

子曰:"道之以政,齐之以刑,民免而无耻;道之以德,齐之以礼,有耻且格。"

此章与"为政以德"章,宗旨一样,但立论略有不同。"为政以德"章似重在执政的理念,此章则更重在从效用上讲。

孔子并不否认政与刑的必要,只是指出仅此在功效上的局限。德政与礼治,固然有它理想的色彩,但并不能否认它的存在,以及它的美好。运用政刑,不忘德礼,应是值得追求的。

无论是城管,还是政府,甚至一切提供公共服务的组织,如果单纯依靠政与刑,人们在精神层面是难以产生感应的。德与礼终究是政与刑的基础,而德又是礼的灵魂。

四 吾十有五而志于学章

子曰:"吾十有五而志于学,三十而立,四十而不惑,五十而知天命,六十而耳顺,七十而从心所欲,不逾矩。"

古人通常十岁始学,孔子自称"十五志于学",或认为是"志于道"的自谦。

朱子解此章,尤重志学。志是心有所之。世上事很多,为何定要志学?因为学才是人生的源头活水。读书人也很多,却未必都称得上志学。

十年一段,则是取个大概数,但表明学问的拓展必须有相当的工夫累积。

"不惑"是知其然,"知命"是知其所以然。"耳顺"意味着优入圣域。"圣"字义是通,从耳从口,声入耳而心通。又过十年,进入化境,"从心所欲不逾矩"。

孔子尚如此过来,何况别人?

五 孟懿子问孝章

孟懿子问孝。子曰:"无违。"樊迟御,子告之曰:"孟孙问孝于我,我对曰'无违'。"樊迟曰:"何谓也?"子曰:"生,事之以礼;死,葬之以礼,祭之以礼。"

《论语》中的话,常有特定语境,所言似皆有特指,但《论语》的意味又恰恰在于,这些特定语境各有特指的话,又涵有普遍的含义,令不同读者都有亲切的感受。《论语》的趣味超越时空,诚与此有关。此章及随后三章都谈孝,亦宜如此读。

孔子回答孟懿子孝是无违,又具体点明生事葬祭不要违礼。孟懿子是鲁国大夫,当时贵族们常僭礼,故孔子是专门警示他。但普通人行孝,生事葬祭,自然也应依乎礼。至于礼是怎样的,又如何依,则另当别论。

六　孟武伯问孝章

孟武伯问孝。子曰:"父母唯其疾之忧。"

初做父母,常以为孩子长大一些便可松口气。殊不料,儿女的每一个阶段,做父母的都难轻松,或真有所忧,或只是担心,犹以身体健康为要。儿孙自有儿孙福,此话虽是真理,但父母的担忧也是真情。在儒家的精神中,人情大如天。宋儒虽标举理,但也叮咛礼、理要缘乎情。故儿女行孝,须自爱保身,以解父母之忧。孟武伯是孟懿子的儿子,大抵多冒失,故孔子有此警示。此章也有别的解释。不过更重要的是,此章第一次出现了女性的形象:慈母。

七　子游问孝章

子游问孝。子曰:"今之孝者,是谓能养。至于犬马,皆能有养;不敬,何以别乎?"

赡养老人是人类文明区别于动物世界的重要表证,而且从《孝经》

看,儒家倡导孝道,似乎也不限于狭义的赡养老人,更是广义的文明传承。常说中国文化是唯一不曾中断的文明,或与重视孝道有关。不过,自孔子起,孝与其说是理论问题,不如说是践行问题。子游是孔门高弟,赡养老人可能爱有余而敬不足,故孔子有此警示。读者可以自比子游,做到了哪一层? 养老也将是一件社会化的事业,从养到敬,无疑将形成未来中国经济的一个巨大产业链。

八　子夏问孝章

子夏问孝。子曰:"色难。有事,弟子服其劳;有酒食,先生馔,曾是以为孝乎?"

侍奉父母,总能做到愉色婉容,很难。做儿女的,当然不会存心给父母脸色看,甚至心里也常提醒自己要和颜悦色,只是事到临头,却又难做到。我年过半百,也算是读了圣贤书,但面对八十多的双亲,尤其是母亲,反复提醒我这个那个时,初还勉强,其实扪心自问,也多半是应付;实在听多了,便会极不耐烦。色难矣! 每当此,心里又极后悔,可下次又不免重犯。朱子讲,子游是爱有余而敬不足,子夏是敬有余而爱不足。很惭愧,我是二者皆不足。

九　吾与回言终日章

子曰:"吾与回言终日,不违,如愚。退而省其私,亦足以发,回也

不愚。"

语言是人的家。善用语言者,易招人关注,视为智者。相反,不善或不喜言谈者,也很容易遭冷落,甚至视为愚者,尽管有些也的确不够聪明。

孔子能与颜回言谈终日,自有契心在,但并不表示对善于讨论的弟子不满,否则孔门杏坛岂非沉闷不堪?

颜回的不违,并非无批判,而是将批判落在自身,从而真正启迪自我。笃信于道,退省其私,或正是孔子与颜回心心相契的原因,也是断言颜回如愚而实不愚的根本。每见聪明者总被聪明误,多因笃信不足。

十 视其所以章

子曰:"视其所以,观其所由,察其所安。人焉廋哉?人焉廋哉?"

人善伪装,尤自以为聪明者,多以为自己装得很像,别人难察。孔子提醒,别人从你的"所以"(做什么)、"所由"(为什么)、"所安"(安于什么),看得很清楚的,千万别装!

"所以",还是言行表象;"所由"与"所安",则已进入到精神现象,套用神经现象学的观念,就是读心(mindreading)。

不过,很多时候,人也不是装,而是真的自知难。比如人到中年,相逢便谈养生,仿佛是很健康似的,其实不知心已有病,至少已染暮气了。何尝见小朋友热衷于谈养生的?别的就更不用说了。

十一　温故而知新章

子曰:"温故而知新,可以为师矣。"

读书之要,在通透领悟,不在博闻强记。师教或自修,都以前者为重。知识多少不是指标,知识理解才是核心。读书不悟,虽多无益;温故知新,可以为师。互联网时代,孔子的这一观念尤获证明。

今日教育饱受诟病,创新无力;各类考试阴盛阳衰,严重失调,根源即在重强识、轻通悟。或以为通悟主观,识记客观,由此师道权威日损,工具主义日益,因复为果,果复为因。

即以今日读《论语》,如不能心悟知新,学而时习,亦不过老和尚念经罢了。

十二　君子不器章

子曰:"君子不器。"

常有友人问孩子学什么专业好。大学则纠结办什么专业能让学生谋到饭碗。整个教育都奔向职业培训。"君子不器",是寄望人不拘于成为一种器具,尽可能挖掘潜能,德充才备。

近代以来的中国教育,有职业教育与人格教育的不同理念与实践。今日中外,亦仍有专业教育与通识教育的划分。社会固然需要专业型的职业化人才服务于当下,但人类同样期待复合型的通识性思想与观念来共塑愿景。

只是,前者易操作,见效快,比如学剃头,后者就难了。

十三　子贡问君子章

子贡问君子。子曰:"先行其言而后从之。"

也许子贡话多,能说,做不到,故孔子有此教诲。意思也大致明白,强调行动。但断句不同,思想仍有大的区别。

一种断法:"先行,其言而后从之。"这样,言便是从属于行的。朱子不同意。他强调孔子从来不曾否定言的重要,相反,任何道理都必须言说,也是可以言说的。而且,他认为这样断句,后半句也不成立,除非是"而后其言从之"。

另一种断法:"先行其言,而后从之。"如此,明白的道理,可说出来,只是还须践行之;然后,进一步加以贯彻。

十四　君子周而不比章

子曰:"君子周而不比,小人比而不周。"

《论语》有多章以君子小人对举,很鲜明。君子几近圣人理想人格,高于贤人,小人正相反。

周与比，都表示与人友好亲爱，区别是依据不同。周出于公，比出于私。君子出于公，与人都好；小人出于私，便有偏好。

或问：孔子主张仁爱，情感由近及远，爱有等差，与周比如何区分？周，正是依据仁爱原则，该亲则亲，该疏则疏。有时，疏离也是一种友善。比，则是不依据仁爱原则，只根据某种利益而亲近，即信奉：没有永恒的朋友，只有永恒的利益。

十五　学而不思章

子曰："学而不思则罔，思而不学则殆。"

依传统的解释，学的含义甚广，尤须与行相连。如学而时习；又如博学、审问、慎思、明辨、笃行，缺一非学。但又容易以行废学，需常自省。

学与思，原本相连。不思，何以成学呢？但学不用心的很多，闷头蛮干的也不少；另外，现在的知识与信息呈以海量，见风就是雨的，更多。有时遇上很热心又特认真的，真不像是他迷惘，而是让我很困惑。

不学习，一味空思索，这样的人很少。想必能耐下心的，从来也有限。但如真的遇上了，多半也很危险。

十六　攻乎异端章

子曰："攻乎异端，斯害也已！"

异端,孟子专指杨朱、墨翟。杨朱主张为我,凡不利我者,虽一毛不拔。如此,公共事务怎么办呢?故孟子斥其无君。朱熹又讲,道家与杨朱一样。墨翟主张兼爱,对所有的人一样好。如此,父母与常人岂非一样?故孟子斥为无父。

到了宋儒,佛教也是异端,因为讲空。但杨、墨粗浅,佛教精微,人到晚年多容易归佛。当然,杨、墨、佛只是异端代表。

攻有二解。一是攻治。研习异端,是有害的。二是攻击。攻击异端,是有害的。朱子强调要取前者,颇有意味。

十七 由诲女知之章

子曰:"由!诲女知之乎!知之为知之,不知为不知,是知也。"

仲由,即子路,是孔子很喜爱的高足,但好勇,常硬来,装懂,对孔子也摆脸色。

孔子虽是讲子路,但人普遍也都有此病。并不是人心冥顽不灵,喜欢不懂装懂;也不全是人好面子,不肯承认自己也有知识的盲点。平常问,大概都会认同孔子的话,但事到临头,又往往犯子路的毛病,陷入自欺欺人的境地。

欺人其实很难,多半只是自欺。起初也许会自觉惭愧,想着弥补。但人又容易偷懒,好存侥幸心,旁人多又顾及面子,不愿点破,结果由自欺而又渐失自勉。

十八　子张学干禄章

子张学干禄。子曰："多闻阙疑，慎言其余，则寡尤；多见阙殆，慎行其余，则寡悔。言寡尤，行寡悔，禄在其中矣。"

学生问求官之道，孔子既没教他怎么求，也没教他不求，而是讲做好某些事，官自然在其中。问彼而言此，足见孔子待人温厚。彼与此有别，有此未必有彼，孔子所以这样讲，因只有此是自己能做的，而彼是自己无法求的。

孔子无大话，自己能做的只是多闻多见。闻是听别人说，有疑的放着，没疑才说；见是看别人做，有险的避开，稳妥才做。如此，别人不责难，自己不后悔。

这也难吗？每见做官的，指点江山，无所疑畏，很任性时，才知这真的难。

十九　哀公问何为则民服章

哀公问曰："何为则民服？"孔子对曰："举直错诸枉，则民服；举枉错诸直，则民不服。"

把正直的人放在歪枉者之上，而非相反，这样人民才信服。政治举措很多，孔子强调用人，既针对哀公，也是政治的普遍关怀。

或以为有此理念不难,难在如何选人。如何选是很难,故旧时有举孝廉到科举的变化。但守此理念也很难,正直者刚而难用,歪枉者佞而易使。

制度很重要,然非朝夕之事,且制度设计亦必基于人心。若御史大夫枉法、太尉巨贪,朝廷与州郡皆恶虎据要津、结私党,其来有自固有制度之弊,然独无太上皇之过而不必下罪己诏?

二十 季康子问使民敬忠以劝章

季康子问:"使民敬、忠以劝,如之何?"子曰:"临之以庄,则敬;孝慈,则忠;举善而教不能,则劝。"

与哀公一样,季康子问的也是让人民如何。只是孔子的答,却要求他们自己该如何。这看似简单,其实并不容易。

春秋礼崩乐坏,孔子尚周礼似复古,实出新倡仁德。孔子要季康子以庄重之心待民,以孝事亲而推慈于民,任用贤能,对没有技能的给予培训。核心就是尊人爱人。

制度因时而化,但千变万化,人是目的。人权重于主权,或以为西人所揭,大谬!不唯数典忘祖,且贻害当下。凡有权而任性者,莫不心中无人权而自恃权力或自以为秉政令者。

二十一 或谓子奚不为政章

或谓孔子曰:"子奚不为政?"子曰:"《书》云:'孝乎惟孝,友于兄弟,施于有政。'是亦为政,奚其为为政?"

孔子岂不想从政?从政与否,因素很多。孔子不得志,其中难处不便对人讲,但又不因此而颓唐,故引《尚书》的典故来表达自己的心志。

政治的核心是平衡稀缺的资源,以满足社会各群体的利益。传统中国的基本单位是家庭,家庭虽基于血缘,但利益平衡也是核心基础。以孝事亲,友于兄弟,将孝悌之义推及整个家庭,也是一种政治。

国比家当然要复杂很多,但良好政治的核心,也终究是以尊重人民之心,协调各方利益。故从政与否,也可从宽看。

二十二 人而无信章

子曰:"人而无信,不知其可也。大车无輗,小车无軏,其何以行之哉?"

后现代的生活日趋碎片化,活在当下遂成为人们的遁词,但其实人始终须活在有序的河中,而诚信是河床。失此河床,河必泛滥成灾。

人完全依赖于各类信息的真实可靠,否则生活失据。试想汽车的方向盘,或制动不靠谱,犹如古时的车无輗、无軏,车还怎么开?或车虽好,但过桥时,桥会坍塌,还敢前行?举凡衣、食、住、行,概莫能外。

社会由人组成,社会无信必乱,人无信不立,道理是贯通的。更进一步,只有诚信,才有信任;信任既失,万事休矣!

二十三　子张问十世可知章

子张问:"十世可知也?"子曰:"殷因于夏礼,所损益,可知也;周因于殷礼,所损益,可知也。其或继周者,虽百世,可知也。"

人的言行皆出于预期,伟大的思想者更是引领未来。但预期凭何而来?未来可知吗?子张之问其实是一深刻的质疑。

孔子是可知论者,给出了认知的方法与途径:鉴往而知来。真实的历史认知,对于个人与社会的重要性,由此彰显。

孔子的论证中含有他的认知预设:一是社会制度永续变化,多了就减损一些,少了就增益一些;二是任何损益都必须"因",即有它的客观基础,决非个人能肆意妄为。如妄为,必有害;而即便妄为,也定有必不可为之处。

二十四　非其鬼而祭之章

子曰:"非其鬼而祭之,谄也。见义不为,无勇也。"

古时称万物皆有命,死则命断。物死称折,人死叫鬼。人各有家,成鬼亦有属,否则便是野鬼了。断了香火的鬼,旧时有移入宗祠合祭之法。

祭祖应祭自家的死鬼,事死如事生。不属于自家的死鬼而祭之,目的何在呢？不免有拍人马屁之嫌。

与此相反，应该做的不做，应该说的不说，原因也许很多，但问到底，不出对外有顾忌，对己无决心。一句话就是无勇。

自问有些事很起劲，有些事雅不愿，理由多堂皇，但极少面对一己之心。孔子的话启人自省。

八佾第三

人而不仁,如礼何?
人而不仁,如乐何?

八佾第三

一　孔子谓季氏章

孔子谓季氏,"八佾舞于庭,是可忍也,孰不可忍也?"

"八佾"是仪式性质的舞蹈,按礼制是天子用,就像二十一响礼炮应该用于国宾。

孔子讲的"忍",一种解释是忍心:季氏忍心僭礼,还有什么不忍心做呢?另一种解释是容忍:如对季氏舞八佾的违制行为能容忍,则什么事不可容忍!前者旨在激发当事人自省感悟,后者重在惩诫当事人以儆效尤。

朱子坚持二义并存,虽以注经方法予以说明,但实想表证儒家固然以仁政德治为本,制度的严肃性也同样需要高度重视。只是仁德更应对下,肃政更应对上,而世事常相反。

二　三家者以雍彻章

三家者以《雍》彻。子曰:"'相维辟公,天子穆穆。'奚取于三家之堂?"

"三家"是指鲁国的三位大夫。"《雍》彻"是指祭礼完后,撤下供品,奏歌《雍》诗。"相维辟公,天子穆穆",就是歌词,描述祭礼时,天子神情深远,"辟公"(即诸侯们)随侍相助。这一祭礼是天子用,但三家大夫僭窃,故孔子讥评。

孔子重礼,常被今人视为保守甚至迂腐。只是社会必赖于制度礼仪而文明,孔子之重礼,仪式与时偕行,精神守先待后,是理性而人文的。

程颐尝指出,三家僭礼,根在天子。制度之破坏,推其源往往在上。于此足见儒家的批判精神。

三 人而不仁如礼何章

子曰:"人而不仁,如礼何?人而不仁,如乐何?"

此章排在"八佾"、"《雍》彻"二章后,或有所指,但孔子人文主义的精神亦在此彰显。

这里的礼、乐泛指一切制度文明,仁是指活泼泼的人心。制度文明不仅是人心的产物,更是人心的工具。如果徒有制度文明,而不见人心,这制度文明便是死的;如果这制度文明不是人心的工具,反而成了人心的主宰,那更是异化。

尝见电视上歌手比赛,评委虽也分析技巧,但最后往往超乎技巧分出高低,这个超乎技巧的东西就是歌手的心。艺术如此,人类文明也是如此。

四　林放问礼之本章

林放问礼之本。子曰："大哉问！礼，与其奢也，宁俭；丧，与其易也，宁戚。"

凡做事，须知根本，也就是做事的初衷，否则不是不足，就是过头。

孔子高度赞赏林放的提问，就因为林放问的是礼之本。虽只是问礼，礼就是生活，此问有普适性。

更值得玩味的是，不足与过头，虽都不好，但孔子宁取不足。以礼而言，遇喜事，求奢华；遇哀事，流于形式，即所谓的"易"。这都是过头带来的病。宁俭勿奢，宁戚勿易，虽也不够好，但离初衷不远，其不足尤可弥补；奢与易过头了，会远离初衷。

人心喜多厌不足，简素的生活需要常做减法。

五　夷狄之有君章

子曰："夷狄之有君，不如诸夏之亡也。"

从前与现在，都有注本以为，此章孔子讲蛮夷种族即便有君上，也不如华夏民族没有君上。仿佛孔子持民族优越论。但也有学者对这样解释很不满，朱子就是显例。

朱子认同的解释是，这章是孔子伤时之乱的感叹：蛮夷尚且有君臣文明，而华夏却陷入了无君的乱世之中。

传统中国，华夷之别非常重要，但依据孔子《春秋》之义，华夷之别不在血统、种族、地理或其他条件，而在文化。此即文化中国的由来。自来儒者亦多抱此念：我在哪儿，中国就在哪儿。

六　季氏旅于泰山章

季氏旅于泰山。子谓冉有曰："女弗能救与？"对曰："不能。"子曰："呜呼！曾谓泰山不如林放乎？"

传统中国，尤其秦汉以前，祭山川自然神是重要的生活内容。礼俗随时代而更化，古人祭山川，今人烧头香。今读古书，不必纠结于礼俗本身，但求体会其精神。

据礼，泰山在鲁国，诸侯可祭。季氏是大夫，祭泰山便僭窃了。孔子的学生冉有在季氏手下，孔子希望冉有能劝阻季氏，而冉有告知劝不动。故孔子发感叹：林放尚且知礼，难道泰山神还不如林放，会接受季氏拜祭吗？

试想自己的老板就像瘟神，很无奈吧？如此，也许能体会到孔子的心情了。

七　君子无所争章

子曰："君子无所争。必也射乎！揖让而升，下而饮。其争也

君子。"

常与人争,甚至时与领导争。难道真的好争?不得已!难道是为一己之私争?不全是!而且,争过后,无论输赢,都是极不快乐!为什么总记不住孔子的教导:君子无所争!

无所争,因无私利。既为公,亦不必争。不争,并非沉默。说还是要说的,只是表达了,就行了。别人如何看,如何说,自有别人的原因。人各有所见,所见不同,又岂能强求认同?真是知易行难!

有些事,不需争。如琴、书、画,好坏争不清,棋只需对一局便分晓。孔子讲射,也是。

八 巧笑倩兮章

子夏问曰:"'巧笑倩兮,美目盼兮,素以为绚兮。'何谓也?"子曰:"绘事后素。"曰:"礼后乎?"子曰:"起予者商也!始可与言《诗》已矣。"

有时顷见美人,姿质甚好,可一讲话,便失趣味,足证程颐的解读:"美质待礼以成德,犹素待绘以成绚。"不过,姿质总是基础,否则难免徒劳。

子夏由诗说礼,孔子甚乐。孔门诗教的精神就在由感性的形象启发理性的义理。

解读此章,历来强调人须有好的本质,然后才施以文明教养。其实,文明原是对人的自然性情的驯化,或是一种虚伪的包装。"礼后乎",指出这种驯化与包装,须基于人的自然性情,否则教养不仅失其素底,且反噬人的性情。

九 夏礼吾能言之章

子曰:"夏礼,吾能言之,杞不足征也;殷礼,吾能言之,宋不足征也。文献不足故也。足,则吾能征之矣。"

孔子怀抱理想,植根理性。曾经,他被塑造成保守的复古者,其实他既不空想,也不迂腐,虽然他生前似乎不那么得志。孔子的理想,无论是理念、设想,还是路径、方法,都充满了历史理性,基于深厚的历史事实。

这个事实来自三方面的支撑:一是历史遗存,如夏朝制度在杞国的遗存、殷朝制度在宋国的遗存;二是典籍记载;三是贤者见证。

"文献",现视作一个词,其实,古时"文"是典籍,"献"是贤人。就像"学"与"习",各有其义,今合作一个词,意蕴便少了些。

十 禘自既灌而往者章

子曰:"禘自既灌而往者,吾不欲观之矣。"

天子祭祖,始祖有庙。始祖所自出之帝,则祀于始祖庙中,以始祖配之。天子祭始祖以前的祭礼,就是"禘"。

鲁国行禘时,第一道仪式是将香气浓烈的酒洒在地上,以示迎神,这便是"灌"。孔子讲,他观禘时,看完灌后就不想看了。

朱子讲,禘是天子之大礼,鲁国行禘,已属非礼,灌仪时尚存敬诚之意,此下便懈怠流于形式,故孔子不想观看了。

《易》有《观卦》,两阳爻在上,四阴爻在下,领导巡视,似上观下,其实亦为下所观。礼仪也许有此功用吧?

十一 或问禘之说章

或问禘之说。子曰:"不知也;知其说者之于天下也,其如示诸斯乎!"指其掌。

有人向孔子请教禘的知识,孔子直言不知道,还进一步说,如能懂得禘,治天下如视其手掌。

孔子似乎心里很不爽。因为禘是大祭,时多违礼,僭窃日趋严重,故孔子不愿说。

知禘之说,为什么治天下就很容易? 试想某人行祭,如祭父,自然是招来自己家人;如祭祖,便能招来堂亲;越往前,招来亲属也越多。祭是与鬼神感应,实是感召活人。禘是祭始祖所自出者,那要招多少人来? 谁又能具有这样的感召力? 如真有这样的感召力,治天下岂不容易?

八佾第三

十二　祭如在章

祭如在，祭神如神在。子曰："吾不与祭，如不祭。"

前一句记行。说孔子祭祖祭神时，尽心诚意，仿佛祖先与神就在眼前。

后一句记言。讲孔子因故未能行祭，虽请人代，终有憾缺。

儒学是宗教吗？以基督宗教标准，不是，因为儒家祭祖，偶像崇拜；以多元宗教标准，又是，因为儒家祭礼似信神。

其实，凡取一物以认识一物时，已不靠谱，虽参照确有助于认识。

学生尝问朱子：尽诚以祭，祖宗真的会感应到吗？朱子引前人话回答：自己的精神，就是祖宗的精神。祭在修己，这是儒家真正想要表达的吧。

十三　与其媚于奥章

王孙贾问曰："与其媚于奥，宁媚于灶，何谓也？"子曰："不然；获罪于天，无所祷也。"

"奥"与"灶"都是神。奥神尊，不主事；灶神卑，但管事。正如谚云："县官不如现管。"与其拍县官马屁，不如讨好现管。

王孙贾是管事的权臣，他问这话，也许当时流行这么说，也许是提醒孔子要讨好他。孔子讲：如得罪天，无神可拜。

天就是道理。立身谋事，悖理谁也帮不了，包括皇帝。

不过，孔子并没说，神不需要拜。循理是必须，拜神可充分。拜神就是求人和，至少待人要存善意，不去得罪，即便是王孙贾。前人讲孔子的回答"逊而不迫"，宜体会。

十四　周监于二代章

子曰："周监于二代，郁郁乎文哉！吾从周。"

孔子倡导周礼，因为周的制度文明基于夏、商二代，在继承中创造，达到了"郁郁乎文哉"的高度。

孔子是历史理性主义者，他注重历史文明的传承，确信创造须在传承中实现。这对中国历史富延续而少断裂，具有深刻影响。当然，历史传承并非泥囿于一，而是择善是从。

历史构成未来的基础，但孔子在"从周"的同时，也注入新的精神，如仁。在缺乏横向文明比较时，人的新精神从何而来？一源于自然的感悟，二源于当下的批判。此二者为孔子并重。

十五　子入太庙章

子入太庙，每事问。或曰："孰谓鄹人之子知礼乎？入太庙，每事

问。"子闻之,曰:"是礼也。"

孔子以知礼闻名,但入太庙,仍遇事即问,故遭人质疑。称"鄹人之子",是因为孔子的父亲叔梁纥曾是鄹邑的大夫。孔子的回应很简单:这样的询问,就属于礼。

也许入太庙行礼仪时,询问相关问题,本是礼的一个环节;也许孔子虽然具有礼的知识,但很少有实际的操作,也不容易见到太庙里那些贵重的礼器,确实需要询问;也许虚怀相询,就是礼的践履;也许……

询问并非全是不知,有时也可表达对别人尊重,有时也可表达做事慎重。这难道不好吗?

十六 射不主皮章

子曰:"'射不主皮',为力不同科,古之道也。"

射本是一种武备,自然要求射得准,还要有力,能射穿靶。但后来射演化成乡礼,类似修身的体操,各人体力不一,就射不主皮,不再以射穿靶为要求,而以姿势准确、训练仪容为目的了。

孔门行礼、乐、射、御、书、数"六艺"之教,孔子虽只谈到射的问题,其实也适用于人类所有文明。

人类文明各有自身的渊源与演化,功能也在不断调整。厘清一种制度或文明的演化与功能,适足以明白,任何的制度形式都必须与时偕行,不断调整。儒家何尝会保守?

十七　子贡欲去告朔之饩羊章

子贡欲去告朔之饩羊。子曰:"赐也,尔爱其羊,我爱其礼。"

制度变迁中的取舍存废,很难。

"告朔"之礼是中央向地方授信的大礼,但春秋乱世,此礼已渐式微,只有供奉活羊的形式还保留着。

子贡或以为既已名存实亡,则不必再破费,欲去其羊。孔子看法不同,故批评子贡。有些制度逢乱世而遭破坏,但如其功能属必备,则虽徒具形式,亦应勉力维系,不使彻底湮灭,以待将来尚可依迹恢复。

现代化的追寻中,许多传统节日曾从主流社会生活中消失,所幸在民间还顽强地延续着,否则,今天的文化复兴将从何谈起?

十八　事君尽礼章

子曰:"事君尽礼,人以为谄也。"

做人难。一半难在世人口水。比如待人尽礼,本属应当。然上对下尽礼,世人多以为作秀;下对上尽礼,世人易以为谄媚。

另一半难在自己心术。对下作秀,还有正面之誉,如平易近人、和蔼可亲,等等。只是作秀充其量得个虚名,偶为之者多,真愿意践行者实有限。对上谄媚,似无可恕之词,但能得实利,趋之者仍如鹜。唯世风如此,又必有矫枉过正者,有意蔑视权贵,甚至故意违背应该遵守的礼。

也许尽礼与谄媚难以甄别,孔子才专举此而言之。

十九　君使臣以礼章

定公问:"君使臣,臣事君,如之何?"孔子对曰:"君使臣以礼,臣事君以忠。"

孔子所答,与鲁定公所问,虽只增四字,意象何啻天壤!

在定公,君指使,臣奉行,只见权与位。君可以颐指气使,甚或其极;臣可以敷衍塞责,甚或不堪。在孔子,君臣共事,上下以义合。君应该礼敬群臣,臣应该尽心竭力。

不仅于此,孔子的回答,更有独立之精神、平等之人格。

郡县后,人避形迹,竟以孔子为非,强调君如失礼,臣可辞官,但不可不忠。朱子力驳此见,指出"君使臣以礼"必须讲,不仅道理如此,而且警示君王。足见持论之正。

二十　关雎乐而不淫章

子曰:"《关雎》,乐而不淫,哀而不伤。"

孔子评鉴《关雎》抒发的情感,恰到好处。这成为后来中国艺术的正统标准。西方虽也有这样的创作与论说,如莱辛对希腊雕塑拉奥孔的分析,但似乎不受此限。西方有悲喜剧,中国虽有,却悲与喜都不追求极致。

这也是传统医家养生的要求。人是情感之物,也应富有情感,否则气血凝滞,形神枯槁。只是七情交替,不足虽乏味,但害处可能不大,尚且还可培植;若过头,则有害,轻则伤生,重则自戕性命。

儒家将性情之正归于义理,佛与老各不同。

二十一 哀公问宰我章

哀公问社于宰我。宰我对曰:"夏后氏以松,殷人以柏,周人以栗,曰使民战栗。"子闻之,曰:"成事不说,遂事不谏,既往不咎。"

"社"是古代土地神的神位以及祭祀仪式。社神以树为神主,现在我们还常看到,有些乡村在水口处仍留有大树,被视为保佑乡村的风水树。

夏、商、周的土地神树不同,夏是松树,商是柏树,周是栗树。这种区别也许只是因为土质各异,而宰我向哀公解释成"使民战栗"。这样的解释足以启发君王的杀伐之心,故孔子非常生气,连说三句意思一样的话,以示深责,警醒讲话要慎重。

世上许多事,原本很寻常简单,但说者巧舌,迎合所需,人祸大抵由此滋生。

八佾第三

二十二　管仲之器小哉章

子曰:"管仲之器小哉!"或曰:"管仲俭乎?"曰:"管氏有三归,官事不摄,焉得俭?""然则管仲知礼乎?"曰:"邦君树塞门,管氏亦树塞门。邦君为两君之好,有反坫,管氏亦有反坫。管氏而知礼,孰不知礼?"

管仲是齐国著名的政治家,曾九合诸侯,一匡天下。孔子对管仲的事功高度肯定,但又认为他器度狭小,这是很耐人寻味的。

后续两问答,一指出管仲奢侈,以收市租、家臣不兼职为例;二指出管仲僭礼,以设照壁、坫台为例。

奢与僭为何就器小？奢,表明资源使用无度,关怀浅;僭,意谓放任自己,忘乎所以,不作长久考虑。可见孔子心中的大器,不仅应该志存高远,而且行事规矩,自律垂范。

儒家后有王霸之辩,于人而言,或能于器之大小见证。

二十三　子语鲁太师乐章

子语鲁大师乐,曰:"乐其可知也:始作,翕如也;从之,纯如也,皦如也,绎如也,以成。"

从《论语》看,孔子不仅是艺术高手,而且有清晰的分析。此章对宫廷乐官讲音乐,即是显例。

孔子将音乐分成始作、从之、以成三部分,并指出相关要素。开始时,整个音乐的全部音素应该都得到表达,想来这样的开头是很有感染力的。接下来的中间展开部分,须有三要素,一是音律要和谐,二是音律有节奏,三是音律应连绵。最后收尾,则要圆满,与开始、中间部分形成呼应。

音乐的表达难以言诠,孔子的讲解可谓简明扼要,不妨依此试去品鉴。

二十四　仪封人请见章

仪封人请见,曰:"君子之至于斯也,吾未尝不得见也。"从者见之。出曰:"二三子何患于丧乎?天下之无道也久矣,天将以夫子为木铎。"

孔子时代天下失序已久,大家都在努力摆脱动荡。只是大多数的努力方向都选择在攻伐,有些则选择避世隐居,效用明显。孔子却不厌其烦地唤醒人心,启迪民智,梳理历史,构筑正义社会的愿景。这条路自然很远,虽弟子亦不免疑虑。

然而,仪邑的地方长官不仅识人多,且识见高明。他见过孔子后,将孔子描述为醒世的木铎,精准而形象。

中国传统有相人法。从中医的望诊,到江湖术士看相,不一而足。此章所记,也不妨归于广义的相人法而视之。

二十五　子谓韶尽美矣章

子谓《韶》，"尽美矣，又尽善也。"谓《武》，"尽美矣，未尽善也。"

古人相信，政治表现于乐，闻其乐能知其政。今似一样。比如听《东方红》，虽浑朴而不免粗；听《春天的故事》，虽清丽而不免浮；听《走进新时代》，虽激扬而不免燥。

传说中，舜是揖让选贤而有大同之治。武王则是征伐世袭，成就的是小康。孔子称舜乐《韶》尽美尽善，武王乐《武》尽美未尽善。中国政治的最高理想在和平与民主，由此可见。

美与善有何区别？善是美的质地。如两位美女，有一位还有德行。又如两把同款式椅子，一把是红木。

二十六　居上不宽章

子曰："居上不宽，为礼不敬，临丧不哀，吾何以观之哉？"

根据什么来评价君主或政府的好坏？就业、教育、医疗，诸如此类当然都是。只是这些并不完全决定于君主或政府，所谓"时也"、"运也"，对一个人如此，对一个社会也一样。

孔子立了三个标准：宽、敬、哀。宽，并不是政教法度废弛，而是制度的设计与施行要体恤民艰，以正德、利用、厚生为念。敬，对待法度要敬畏，不要恃权干预甚至破坏。哀，面对灾难须哀戚，切勿无动于衷甚至傻笑。

此三者虚吗？似虚而实。实在人心如明镜，而且制度也有要求。

里仁第四

富与贵,是人之所欲也;不以其道得之,不处也。贫与贱,是人之所恶也;不以其道得之,不去也。君子去仁,恶乎成名?君子无终食之间违仁,造次必于是,颠沛必于是。

里仁第四

一 里仁为美章

> 子曰:"里仁为美。择不处仁,焉得知?"

里是邻里。古时有五家为邻、五邻为里的说法。邻里环境当然很重要。邻里友好,远亲则不如近邻;邻里凶暴,以邻为壑尤恐不及。如有选择可能,举凡明智者,无疑都选择与仁者相邻。

孔子虽致力于人的意志的坚韧与挺拔,孟子以后的儒家更坚持人性本善的哲学预设,但"性近习远"同样是儒者直面的现实。因此,孟母三迁是具体的举措,近朱者赤、近墨者黑则成为共识。

人其实是很脆弱的,稍一松懈,便自暴自弃。与仁者为邻,话很寻常,却是至理。

二 不仁者不可以久处约章

> 子曰:"不仁者不可以久处约,不可以长处乐。仁者安仁,知者利仁。"

久处贫困而能坚守对生活的热爱,不苟且,这是很难的,所谓"人穷志短"。同样,久处富贵而不骄乱,也是很难的,人阔脸变,得志猖狂,古今同辙。因此,孔子以为唯仁者能久处约、长处乐,既是对现实的描述,又是对仁者的赞誉。

仁者无思无虑,却能一切合乎情理。显然,安仁者几近于圣人。智者虽略逊于仁者,但能洞明仁的利处,故智者不刻意亦能依于仁。

在孔子的谱系中,仁者是最高的,仿佛天生;智者是重要的。人的努力,就是明智而达仁。

三 唯仁者能好人能恶人章

子曰:"唯仁者能好人,能恶人。"

凡人皆有好恶之情,但能够恰如其分,却很难。孔子断言,只有仁者,才有能力喜好人与厌恶人。故我们都应常怀自知之明,在好恶人时,千万别太自信了。

唯仁者能好恶,程颐讲,因为唯仁者能公正。朱子进而讲,公是无私心,正是合乎理。公未必能正,正未必出于公,二者缺一不可。

然私心难去,事理难明,只有尽可能多的人参与,个人之私才能限于最小,天下事理才能尽量弄明白。故儒家政治的选贤与能,由精英进而民主,逻辑上是通的。

四 苟志于仁章

子曰:"苟志于仁矣,无恶也。"

万物皆气。气分阴阳,阴主形,阳主神;阴阳相倚,阳动阴随。人的心神不动时,阳气弥散于全身,身体舒坦;阳气到手,手即暖,到脚,脚就暖。心念既起,阳气集聚,阴气相随。心念所向,就是志。志导引全身气息的流向。

人若志于仁,阴阳二气就会以仁为关注,不仁的趋向就会被截止。志于仁,虽然也会有过错发生,但过错不是恶,恶是有意为之。

生活中每天有各种事发生,关注不同,人的心境、行为、气象就不同。志,决定生活,不可草草。

五 富与贵章

子曰:"富与贵,是人之所欲也;不以其道得之,不处也。贫与贱,是人之所恶也;不以其道得之,不去也。君子去仁,恶乎成名?君子无终食之间违仁,造次必于是,颠沛必于是。"

没有人不喜欢富贵,也没有人喜欢贫贱。摆脱贫贱,争取富贵,无论是目的,还是动力,都无可厚非,也足可理解。

关键是手段。偷抢而富,贿诣而贵,就没意思了。按规矩取牌、出牌,也可能总是差牌、老是输。果真如此,那也是命。孔子是认命的。做人无规矩,师出无名,终究行难久远。

富贵与贫贱是极端,孔子取此,只是为人立个尺度。平常生活,都应行走于仁道上,哪怕处于仓促造次、颠沛流离时。不然,即便吃顿饭,稍一放肆,祸从天降。

六　我未见好仁者章

子曰:"我未见好仁者、恶不仁者。好仁者,无以尚之;恶不仁者,其为仁矣,不使不仁者加乎其身。有能一日用其力于仁矣乎?我未见力不足者。盖有之矣,我未之见也。"

孔子批判人心与习气,但其言仍是中和,如此章只说"我未见"。

世上有许多美好,孔子以喜爱仁为最高,足见儒家的人间情怀。好仁与恶不仁,目标一样,用力则相反。不能简单说哪一路径好,只是因人而异。当然,效果也有所不同。好仁者,多半性情温和宽厚,人宜亲近,如沐春风;恶不仁者,多半性情刚毅劲峭,易讨人嫌,却能成事。

用力于仁,难不难?难,因为不愿意,比如扶老人一把;不难,因为只要愿意,都有能力,比如见孕妇让个座。

七　人之过也章

子曰:"人之过也,各于其党。观过,斯知仁矣。"

《韩非子》有两个故事:

一是魏将乐羊攻中山,其子在中山,中山王烹杀其子送汤来,乐羊照喝一碗。魏侯赞誉乐羊。可有人说:乐羊自己孩子都吃,谁不吃?

乐羊攻下中山,魏侯赏其功而疑其心。

二是孟孙猎一幼鹿,让秦西巴带回。秦见母鹿一直跟着啼哭,不忍心,便放了幼鹿。孟孙怒,赶走秦,但数月后又召回教自己孩子。人问其故,孟孙说:秦对幼鹿尚怀同情,何况孩子?

人犯错各因资质,细加观察足以识仁。比如秦西巴是仁,乐羊就是不仁。

八 朝闻道章

子曰:"朝闻道,夕死可矣。"

刘向《新序》载:楚共王临终讲,某常规谏,让我不安,不见不想,但获益实多,其功甚大,应重用;某凡事顺我,相处很爽,不见就想,但实无获益,其害很大,须遣走。因此曾子讲了"鸟将死鸣也哀"那句名言,孔子讲了"朝闻夕死"这话。

此话脱开语境,就成了抽象话。又受时间一维性影响,于是,早上知晓道理,晚上死了也行。道固然重要,生死岂是小事?

我曾以今朝、昨夕解读。《了凡四训》亦讲,昨日种种死,今日种种生。能做到此,谈何容易!

九 士志于道章

子曰:"士志于道,而耻恶衣恶食者,未足与议也。"

里仁第四

道是宽泛的抽象概念,不像仁有具体内涵。道,象征着超越个人利益的公共关怀。

士,孔子那时有文武之分,但主要指文士。士,又分仰禄与担道。仰禄者,近于谋职业;担道者,则于职业外,更有公共关怀。仰禄者,本无可厚非,社会亦需职业人士。但仰禄与担道,也确有高下之别。

公共关怀与个人生活好差,并无必然关联。此章关键在"耻"字。生活好差,有运有命,无以为荣,也无以为耻。如以差为耻,则识趣不免卑陋,讨论公共问题就难了。

十　君子之于天下也者

子曰:"君子之于天下也,无適也,无莫也,义之与比。"

常听说,做人很累。又常听说,干活累不死,气要气死。如此推想,做人的累,不在外面的世界,而在自己的内心。

心所以造成累,缘于心有所执。儒家讲立志,心自然应有所执。只是儒家立志是大致取一方向,不是一事一物上的固执,乃至偏执。心如无所执,无適无莫,无可无不可,心自然宽舒,亦能兼听而明。

或以为,无適无莫,与佛道一样了呀。孔子讲无適无莫,心无所执,是要袪除私见,使一己之心依循于义,即明理。义之与比,根本区别。

十一　君子怀德章

子曰："君子怀德，小人怀土；君子怀刑，小人怀惠。"

君子关心内在善德，小人关心生活安逸；君子关心政教法度，小人关心利益实惠。君子与小人是简单的二分法，树立了人的两个极端。其实，世上难得纯粹的君子，也少见彻底的小人。

分类是认知的基本方法，认知又有事实判断与价值判断。君子与小人的分类，则是合事实与价值判断为一体的分类。

平实而论，怀德与怀刑比怀土与怀惠境界确要高，但怀土与怀惠并非为过，更非不道德。《论语》中的君子与小人对举，宜多从事实判断看，也许更平允。

十二　放于利而行章

子曰："放于利而行，多怨。"

利是生活所必需的物质资源，获利有益于生活，故以利为手段，不仅可以调动人的积极性，而且也是基本的、合乎人性的。这样的常识，孔子当然不可能不知道。

只是，孔子揭示出了逐利而行的潜藏的负面性。无论对国家与社群，还是对企业与个人，利益的增长终是有极限的。单向性的利益诉求在增长受阻时,就会怨声四起。

当然,怨声四起,可使利益主体彼此博弈,文明也因此而进步。但孔子的揭示,指出了人类生活还有、也应该有其他的向度。

十三 能以礼让为国章

子曰:"能以礼让为国乎? 何有? 不能以礼让为国,如礼何?"

礼是制度文明,其精神是仁,就是爱人,以人为本,而实现途径在让。能够让利于民、藏富于民吗? 这样的国策有何困难吗? 如果不行这样的国策,一切制度文明又有什么用呢?

让是礼之实。无论是握手拥抱,还是上香跪拜,都是程式。如果在实际利益上不能让,程式只是虚文。

一个地方如能让,招商引资才可能;一所学校能够让,才能引进人才。整天盘剥,整天算计,鬼也不会上门;即使骗进门,早晚也逃走;即便逃不掉,最终也免不了或死或混。

十四 不患无位章

子曰:"不患无位,患所以立。不患莫己知,求为可知也。"

听孔子讲,好像他那个年代,也和现在相似,大家都担心没位置。想来位置相对于人,总是要少,尤其位高、权重、责任轻,又能离家很近的,更属稀缺。

不过,孔子讲的话没有错。不要担心有没有位置,那是空担心,该担心的是自己的品质能否胜任。

孔子是很积极的,他与弟子们并不是关起门来不做事,而是努力谋求被人了解的。只是,谋求的方式不是乱来,而是遵循道理,有所为有所不为;工夫是花在培养自己真实可靠的人品,而不是虚无飘渺地空想。

十五　子曰参乎章

子曰:"参乎!吾道一以贯之。"曾子曰:"唯。"子出,门人问曰:"何谓也?"曾子曰:"夫子之道,忠恕而已矣。"

朱子说,这是《论语》第一章。因为话题重要:孔子告知曾子,他的思想一以贯之。而且涉及传承,这同样重要。

说传承。孔子弟子三千,最得意的也许不是曾子,比如颜回。可是曾子传下来了,连《论语》也主要是曾子和门人编的。

说话题。一与贯各指什么?孔子没说。曾子自以为是忠恕。忠是尽心,恕是及物,一以贯之就成了一心贯万事。这是孔子本意吗?如是,工夫应在心上还是事上?是心应如何?是物又如何?心靠什么来贯事?都是大问题。

里仁第四

十六　君子喻于义章

子曰:"君子喻于义,小人喻于利。"

做任何事,即便没直接利益,也必有间接的,所谓机会成本。同样,要不要做某件事,中间也一定有个道理,这便是义的考量。义与利,看似对立,其实只是一事之首尾,万事都是义与利纠缠在一起的。

有的人做事,先考虑这事的道理,有的人则计算这事的利益。喻于义,不等于不考虑利,也不等于结果与利无关;反之,喻于利,也一样。只是初衷不同,心境有别。

久而久之,气象上就会有君子与小人的差别。君子与小人,并非天生,全是习染养成。

十七　见贤思齐焉章

子曰:"见贤思齐焉,见不贤而内自省也。"

人生一世,草木一秋,虽是各禀天命,但也要自求多福。孔子教人,固然要敬畏天命,但更在自求自造;而且,敬畏天命原本也不是悬空的冥想,而是笃实的践履。

天才与智障终是少数,多数人其实差别不大。结果不同,究其原因,终究自己是主要的。即便外部原因有很大作用,可那既由不得自己,能努力的便只有自己。

除去外部条件,成功者自有成功的道理,失败者也有失败的原因。自求多福,也别无他路,只能向成功者学习,避免走失败者的路。

十八　事父母几谏章

子曰:"事父母几谏,见志不从,又敬不违,劳而不怨。"

鲁哀公曾问孔子:子从父命,是否就是孝?臣从君命,是否就是贞?反复问三次,孔子不回答,因为孔子不认同。

孔子以为,孝不能简单以是否听从父命来确认,而应该看儿子听从什么样的父命。臣从君,更是如此。

父母也会犯错,故家有诤子,亦是家门之幸。当然,做儿女的劝谏父母时,应该怡色柔声,也就是"几谏"。只是人老了,积习重,又身为尊长,儿女的劝谏未必有效。这自然是很烦心的事,但也无奈,只能孝敬侍奉,不去抱怨。这便是亲情。

十九　父母在章

子曰:"父母在,不远游,游必有方。"

也许等到自己做了父母,而且要等到孩子成长到离家时,才会真正体会孔子这句话吧。

做父母的,总期望能见到孩子。不得已而见不到,只能退而求其次,期望能随时联系到。如果失联,其状殊难想象,只有经历过,才能体会吧。

看动物世界,好像动物也有这种代际感情。人类的这种情感究竟缘于动物本能,还是来自人类的社会性培植呢? 也许兼而有之吧。

孔子很重情,可谓于情独钟,因为仁的基础在情,而情源于亲。亲情广大,游必有方,只是其一。

二十 三年无改于父之道章

子曰:"三年无改于父之道,可谓孝矣。"

此章与《学而》"父在观其志"章有部分重复。《论语》非一人所编,加之竹简也可能错乱,这在古书中是常见的。

不过,也许是编者有意为之。《里仁》连续四章讲孝,"事父母几谏"章、"父母在"章、此章,以及后面的"父母之年"章,所记孔子的话,似专注于一个"情"字。古人曾讲,立爱自亲始。此四章选择特殊节点,父母有过、自己远游、父母逝世与年迈,揭明亲情,层层推进。

三年无改于父之道,恐不在具体三年或改与否,而在亲情之追念怀想,意味永长。

二十一　父母之年章

子曰:"父母之年,不可不知也。一则以喜,一则以惧。"

相比于前三章,此章对亲情的体会更加细微。

自古及今,中国就有"五福"之愿,即《尚书·洪范》中讲的长寿、富贵、康宁、好德、善终,长寿列第一。父母高寿是儿孙之福,正如谚云:"家有一老,黄金活宝。"只是父母年事日高,也意味着来日无多,故乐忧交集。

这种且喜且惧的情感,时而浮上心头,时而疏忽淡忘。孔子将它标示出来,使得这种情感获得彰显并定格,让天下做儿女的能够意识到年迈父母的年纪,留意父母的日常起居,以尽自己的孝亲之心。

二十二　古者言之不出章

子曰:"古者言之不出,耻躬之不逮也。"

古今中外,诚信总是共同的诉求,因为社会运行须依赖于可靠性。但是,诚信又确实很难做到,有客观原因,有主观原因。此章重在讲主观原因,指出"耻"这个问题。

耻是一种反向情感与心理活动,它会驱使与逼迫人避免陷于某种情境中。人如果对某种情境——比如失信——不具有耻感,说话自然就比较随便。

比耻更进一步的应该是罪感。与耻相应的还是过,与罪相应的就是恶了。儒家似乎更重视耻感,也许关口前移,更能防患于未然,不至于到作恶。

二十三　以约失之章

子曰:"以约失之者鲜矣。"

这个"约"字,可作两层意思来理解。

一是约束。人如能常常自我约束,就会多收敛,就会少犯错误。反过来,如果自我放肆,就会多张扬,就会多犯错误。

另一层意思是简约。凡事力求从简,不事铺张,自然容易照应得过来,漏洞少,人、财、物各种资源也容易调度。反之,摊子铺大了,就容易捉襟见肘,手忙脚乱,错失频频。

当然,约也会有其弊。事事简约,动辄约束,过失是少了,但气局自然也受影响。只是失之于约,足以补;失之于肆,则往往难救。

二十四　君子欲讷于言章

子曰:"君子欲讷于言而敏于行。"

话说多了,容易错;说放肆了,更惹祸。因此,讲话要谨慎。做事客观上容易懈怠,主观上容易懒惰,因此,做事要勤勉。

但是，并不能以为行动就比言语重要。行动当然很重要，没有行动，一切无法落实。只是言语同样重要，不仅表达思考，而且引导行动。

"讷"的字面意思是木讷，但这里理解更在谨慎，不只是少讲话。说话谨慎似是浅显的道理，人人皆知，但如何算谨慎？说话要分场合，说话要看对象，说话要合身份……仔细想来，讷于言是很难的。

二十五　德不孤章

子曰："德不孤，必有邻。"

荀子曾有过一个有趣的比喻：马叫时，其他的马也会叫；牛叫时，其他的牛也会叫。并不是牛马知道什么，而是天性使然。

人也是如此。鱼找鱼，虾找虾，人都会依其情趣找到自己的伙伴。既如此，孔子何以要专言"德不孤"呢？

想来，酒肉朋友或合伙人容易找到，而德者不免陷于曲高和寡的境遇。或者，每个人都会时而产生某种孤独感，且以为这样的孤独都是因为别人不理解自己。

显然，孔子不是这样看的。他坚信，无论你如何高明，必有知音与同道。

二十六　事君数章

子游曰："事君数，斯辱矣；朋友数，斯疏矣。"

传统中国讲"五伦"。"五伦"分自然的与社会的:自然的夫妇、父子、兄弟,因情而亲;社会的君臣、朋友,以义而合。

君臣之间,也可以泛指上下级之间,如果观念不同,志趣不一,做部下的就不宜经常对上级讲自己的理念,想去影响甚至改变上级的志趣。即便是忠诚的谏言,也是意善而事不善,徒令听者厌烦,招惹羞辱。

朋友之间也是如此。再亲密的朋友,再美善的初衷,反复唠叨,只会带来疏离。

现代哲学讲的主体间性,与此章子游所说似有暗合之处。

公冶长第五

老者安之,
朋友信之,
少者怀之。

公冶长第五

一　子谓公冶长章

子谓公冶长,"可妻也。虽在缧绁之中,非其罪也。"以其子妻之。子谓南容,"邦有道,不废;邦无道,免于刑戮。"以其兄之子妻之。

公冶长和南容都是孔子学生。公冶长因懂鸟语而蒙冤入狱,孔子知道不是他有罪,仍将女儿嫁他。南容更是品正而明智,君子当道时他会被任用,小子得势时则能免难,故将侄女嫁给他。

孔子择婿,重在人品,不在一时顺逆,于此章可知。

或以为孔子对侄女更厚爱,似有特别考虑。程颐批评作避嫌的理解,因为不知二女婚配的背景,文本重心仍在讲人品。不过,平心而论,孔子因兄逝而尽叔职,对侄女的婚嫁要比女儿考虑得更稳妥,似亦在情理之中。

二　子谓子贱章

子谓子贱,"君子哉若人!鲁无君子者,斯焉取斯?"

君子是《论语》中很高的论人标准,尤其是悬为理想时。但用于具体论人,则又有不同侧重。

此章誉子贱为君子,没讲原因。据《新序》《说苑》,知子贱出仕后,孔子了解到这位小自己近半百的弟子,不仅善政,而且善学,很欣慰,故作嘉评。

后世读此章,又重后一句:鲁国如无君子,子贱的德行又从哪里习得的呢? 这话一是强调自己学习,二是不忘他人之善。

君子有赖于学习,唯好学善学,始为君子。学习源于父兄师友教诲,君子当不忘所本。

三 子贡问赐也何如章

子贡问曰:"赐也何如?"子曰:"女,器也。"曰:"何器也?"曰:"瑚琏也。"

孔子虽然很肯定子贡,以瑚琏来形容他,那是夏商用于宗庙祭祀的贵重器皿,但终究仍处于器的层面,有所欠缺。

子贡是孔子的杰出弟子,通博明达,其德行也不止于一,而孔子仍以为不完备,可见孔子对学生的期待各有不同。

朱子门人曾有一个有趣的问题:子贡的这种不完备,究竟是天资所限,还是修为不到? 朱子以为二者都有原因,资禀疏通明达,工夫自然笼罩,资禀有所偏,工夫也往往会偏,但后天工夫又不完全受制于资禀,故修为仍是关键。

四　或曰雍也章

或曰："雍也仁而不佞。"子曰："焉用佞？御人以口给，屡憎于人。不知其仁，焉用佞？"

此处的"佞"，应是指口才，不是指谄媚。若是谄媚，想来不会老是引人憎恶。而巧言善辩，话很多，又不实，才会引人侧目。

冉雍是孔子的学生，品德好，口才差，故时人有仁而不佞的评价。但孔子不看重口才，并指出了佞的问题。而且，他也不接受冉雍是仁者的评价，委婉地表示不知其仁。

如君子是孔子标举的人的理想形象，仁便是最丰富完美的精神内涵。人对仁的体会、涵蕴与践行，或疏或密，有深有浅，很难充足圆满，故孔子极少以仁来赞赏人。

五　子使漆雕开仕章

子使漆雕开仕。对曰："吾斯之未能信。"子说。

开创私学的孔子，对学生实在是很好的，只要有机会，总是推荐学生。有时不免联想，孔子仆仆于途，虽然是为了实现理想，但也是在不断地为学生们找机会。办私学，不容易。

漆雕开也是难得的学生，孔子已推荐他出仕了，应该是有了不错的岗位吧,但他却以为对此还没有自信。这样的学生在传统时代也难得,当然孔子会很高兴。

细细体会师生间的谈话,孔子认可的是德才,而漆雕开讲的似是心理准备。古人讲工夫,可能这份从容最终需落在心上。

六　道不行章

子曰:"道不行,乘桴浮于海。从我者,其由与?"子路闻之喜。子曰:"由也好勇过我,无所取材。"

春秋时代动荡不宁,孔子周游列国,难免凶险。虽然孔子身高一米九,身手不凡,但学生帮扶很重要。

子路勇猛忠诚,孔子非常倚重,也很欣赏。孔子以为,如果真的理想难行,自己漂流出海,子路会随行。这既是对子路的肯定,也是对子路的期待。但孔子对子路的勇猛且喜且忧,因为子路常常失其分寸,陷身危局。明智是孔子对人最基础性的要求。

此章的重心虽讲子路,但孔子所假设的道不行乘桴浮于海的情景,却鲜活地彰显出孔子是很有性格的。

七　孟武伯问子路仁乎章

孟武伯问:"子路仁乎?"子曰:"不知也。"又问。子曰:"由也,千乘之国,可使治其赋也,不知其仁也。""求也何如?"子曰:"求也,千室之邑,百乘之家,可使为之宰也,不知其仁也。""赤也何如?"子曰:"赤也,束带立于朝,可使与宾客言也,不知其仁也。"

孔子评学生很实在,如此章。子路可以统领千辆战车之国的军务,古时以田赋出兵,治赋就是治军务;冉求可以管理千户人家的城邑,百辆兵车的大家;公西赤则可以担任朝廷外交礼宾官员。都是讲具体能力。

相反,不提最重要的仁。别人问及,仅答以不知。当然,不知,其实是委婉否定。仁是全体而不息的人生状态,既实又虚,但孔子不轻许于人。

不知何故,如今的评语,无论自评还是评人,高大上的虚夸都易获得,而具体能力的实评却含糊难见。

八 子谓子贡曰章

子谓子贡曰:"女与回也孰愈?"对曰:"赐也何敢望回?回也闻一以知十,赐也闻一以知二。"子曰:"弗如也。吾与女弗如也。"

孔子问子贡与颜回相比如何,子贡自认远不及颜回。有意味的是,颜回的形象似愚,而子贡具体描述他闻一知十,可知颜回是真的大智。

更有意味的是,孔子讲,他也不如颜回。是谦虚还是事实?不重要。重要的是孔子自然地呈现了师者的心量胸怀。

西哲有言:"吾爱吾师,吾尤爱真理。"或以为中土更重师道尊严。其实,在师与道的关系上,东海西海,心同理同。韩愈讲得很清楚:"道之所存,师之所存。"师之尊,在其道。孔子亲切地树立了这样的榜样。

九　宰予昼寝章

宰予昼寝。子曰:"朽木不可雕也,粪土之墙不可杇也,于予与何诛?"子曰:"始吾于人也,听其言而信其行;今吾于人也,听其言而观其行。于予与改是。"

古人日出而作,日落而息。宰予非疾而昼寝,不免很懒散懈怠。孔子以朽木不可雕,粪土之墙,也就是污秽的烂泥墙,没办法粉刷,对这位弟子严加批评,既形象而沉重,又无奈而亲切。

宰予也许是太能说话,却又很会偷懒,竟使孔子改变了对人的认识方法。以前听人讲话,便相信他的行动;以后光听讲话不行,还得看行动。

世事常因某个人的言行失范,导致整个情形改变,轻者如种种规则,重者如立法。人类文明似乎也是在这样的过程中变得复杂。

十　吾未见刚者章

子曰:"吾未见刚者。"或对曰:"申枨。"子曰:"枨也欲,焉得刚?"

孔子常用"吾未见"的方式表达,虽然他的倾向似乎是明确的,但所持的态度与语气却是谨慎的。这样的表达方式,人们固然可以认为孔子是一个世故的智者,但更应该体会到孔子是一个理性而自律的人。在认知上,孔子不仅自己是一个高度明智者,而且亦如此教育弟子。

由对弟子申枨的评点,则进一步呈现孔子对刚毅的理解。一个刚毅的人,应该是一个有志向、有持守的人,而志向与持守往往会因为人的欲望而放弃与失守,因此无欲是刚毅的前提。

十一　子贡曰我不欲人之加诸我章

子贡曰:"我不欲人之加诸我也,吾亦欲无加诸人。"子曰:"赐也,非尔所及也。"

人人都喜欢自由自在,不喜欢受到别人的强迫。但是,能否把同样的原则施之于别人,则是个大问题。不想被别人强加什么,当然好,但能够同样不强加别人,恐怕很难做到,也很少人能做到,甚至很多人强加别人都意识不到,还常常冠以各种正当的理由,利益的、道德的、情感的。

子贡高明,他的识见已到此境地,所以他对孔子作了这样的表白。但孔子却以为子贡做不到。为什么？也许子贡识见虽到,但工夫未到。识见与工夫,终究还是有区别的。

十二 子贡曰夫子之文章章

子贡曰:"夫子之文章,可得而闻也;夫子之言性与天道,不可得而闻也。"

孔子创办私学,民间讲学几十年,门人三千,世传教之以六艺。六艺有二说:一出自《周官》,礼、乐、射、御、书、数;一出自《礼记》,《诗》、《书》、《礼》、《乐》、《易》、《春秋》,即六经。六经实际教者前四,《易》与《春秋》并不教。可知孔子讲学,重在具体的技能与知识,而非玄远的理论。子贡所言是可信的。

性是事物性质,更多指人性;天道指自然规律。孔子传授生活技能与知识,背后须有性与天道支撑,只是讲的却只是具体的文章。这其实很难。

十三 子路有闻章

子路有闻,未之能行,唯恐有闻。

在《论语》中,子路给人的印象是勇猛有余,智谋不足,性伉直却鲁莽,此章的记录则反映了子路笃实践履的品质。

孔子教人,有许多是技艺。技艺不操练,当然是不可能真正掌握的。子路的"唯恐有闻",是否专指技艺,不得而知,但作为一般的学习方法,练习同样重要。

古人强调为己之学,学须贯彻到行,才算真学。耳闻与目见,只是学的起点,行才是学的终端,而且是不可或缺的重要环节。从起点到终端,正是工夫所在。只有工夫到,才能学到手。

十四　子贡问曰孔文子章

子贡问曰:"孔文子何以谓之'文'也?"子曰:"敏而好学,不耻下问,是以谓之'文'也。"

古时有谥法,即人死后,根据生前事迹与品德,给予一个评价以示表彰。谥法自周朝始,起初自然,后渐成系统。同一谥号,往往有不同指义,比如谥"文"者,可指经天纬地,也可指勤学好问,或别的指义。

孔文子是位大夫,其生平有许多问题,但仍谥"文"。子贡有疑,请教于孔子。据孔子的回答,可知孔文子被谥"文",是因他勤学好问。

不过,尤需体味的是孔子讲的"敏"与"下"。敏锐者多不耐花笨工夫,居高者常耻以下问。孔文子能做到,此亦难得。

十五　子谓子产章

子谓子产,"有君子之道四焉:其行己也恭,其事上也敬,其养民也惠,其使民也义。"

孔子评价子产，既见子产的官品，也是孔子对做官的要求。

这个要求总体讲，就是修己成物。往细说，修己包括了对己与对人，成物则不外乎目的与手段。

孔子讲子产处己恭，恭是谦逊。做官谦逊，自然好学好问，不会放肆，不会唯我独尊。

又讲子产对上敬，敬是严谨、认真、守本分。如此做官，自然严于用权，严于律己。

做官当然要谋事成物，但目的不在事物本身，而在惠民。目的既在惠民，则使用民力就须有章法。唯做官的有章法，民才会循章守法。

十六　晏平仲善与人交章

子曰："晏平仲善与人交，久而敬之。"

晏平仲，就是齐国的著名政治家晏婴。孔子说他善于交往，日久还能使人尊敬他。这很难吗？很难！许多政治家，起初民意都很高，但上台后民意便一路走低，让人失敬。

人与人交往，初见都很有礼，彼此尊敬。交往久了，这份尊敬心便会渐淡，彼此的尊敬也渐衰竭，甚至于还会认为老朋友相互尊敬反而是见外了。

又有困顿时彼此相惜相敬，发达了反而或疏或隔。有时虽维持着形式上的礼貌，却全无发自内心的互敬。至于反目成仇者，古今亦多有之。

十七　臧文仲居蔡章

子曰:"臧文仲居蔡,山节藻棁,何如其知也?"

臧文仲是鲁国大夫,时人多以为他有知有识,孔子不以为然,因为文仲在家里养一大龟,即蔡,并为此起一间很讲究的房子,柱头的斗拱节上刻着山,梁上的短柱棁上画了藻草,不务民事,谄渎鬼神。

古时有泛神崇拜,孔子时代遗风仍在。孔子主张敬鬼神而远之,既尊重旧传统,更致力于在旧传统中注入新的人文精神,即保留祭神仪式,在仪式中感受与培植人的敬诚,剔除谄媚之心,确立人的主体性。文仲所为正相反,于精神上谄媚,于仪式上轻渎。

十八　子张问曰令尹子文章

子张问曰:"令尹子文三仕为令尹,无喜色;三已之,无愠色。旧令尹之政,必以告新令尹。何如?"子曰:"忠矣。"曰:"仁矣乎?"曰:"未知,焉得仁?""崔子弑齐君,陈文子有马十乘,弃而违之。至于他邦,则曰:'犹吾大夫崔子也。'违之。之一邦,则又曰:'犹吾大夫崔子也。'违之。何如?"子曰:"清矣。"曰:"仁矣乎?"曰:"未知,焉得仁?"

子文担任楚国令尹,三上三下,不喜不愠,每次还认真移交。

齐国大夫陈文子见权臣崔杼弑君篡位,虽有十乘马车,还是弃而去国。至别国,见有权臣如崔子,又离开;再至别国,又见此,又离开。

子张问孔子的评价,孔子说子文忠、文子清。子张追问是否仁,孔子否认。

令尹是最高执政,子文如此淡然;十乘马车身家不菲,文子如此轻弃。谈何容易!但孔子不以仁许之,且认为还没有达到知。可见仁不只是自处,更在及物;而且知是仁的前提。

十九　季文子三思而后行章

季文子三思而后行。子闻之,曰:"再,斯可矣。"

季文子位居鲁国上卿执政的高位,凡事谨慎,三思而行。孔子听说后,以为能作第二次思考就够了。

孔子这话当然是针对着特定的季文子而言的,三思或再思,宜作大概看。朱子讲得很好,若求明理,不在乎次数;若计较利害,天下事哪里算得尽,虽百思也没用。

朱熹也接受程颐的说法。程子以为,人如能遇事而思,就已是好;如能再斟酌,就够了;如三思,则不免起私心,反而遮蔽了事理。因此朱子最终讲,凡事要明义理,贵果断,不一定非要多思。

二十　宁武子邦有道则知章

子曰:"宁武子,邦有道,则知;邦无道,则愚。其知可及也,其愚不可及也。"

人的行为受价值观引导,而人的价值观又往往呈现出单向性,比如更快、更高、更强、更大、更多、更聪明、更善良……尤其这样单向性的价值观被某种僵化了的标准形式化以后,人的行为很容易陷入陈式。知与愚就是一个例子。

宁武子是卫国大夫,政治清明、国家安宁时,他显出才智,许多人也能做到。但政治昏暗、国家混乱时,他显得愚笨,大部分人就难以做到了。不是没有能力,恐是价值观中厌弃愚。

当然,怎样才是愚?这需要视境遇而论。

二十一　子在陈章

子在陈,曰:"归与!归与!吾党之小子狂简,斐然成章,不知所以裁之。"

《史记》载这年孔子六十。周游列国,理想难以实现,步入晚年,孔子希望培养弟子,传道于后世,故兴归乡之叹。

孔子念及留在家乡的弟子,多志意高远而行事粗略,却又都已自成一番事业,不知回去后又将如何教育他们。

狂简者,容易半儿不接,有头无尾,最后愤世行怪或虚无遁世。孔门弟子虽狂简,却不坐此病,能够斐然成章,自成事业,很不容易。但这样的人又容易自以为是,加之进取心强,很难作裁剪。孔子的话,很让事业略成的人自省。

二十二　伯夷叔齐章

子曰:"伯夷、叔齐不念旧恶,怨是用希。"

此章的怨恨,有己怨与人怨二解。己怨,指伯夷与叔齐兄弟之间不念旧恶,彼此很少怨恨;人怨,指他俩对别人不念旧恶,故别人很少怨恨他俩。

圣贤也不免有过,常人更不在话下。人有过错,令人厌恶,所恶在过错,而不在人;过错改了,即应不念旧恶。平常大家都说,对事不对人,其实做到很难。如能真的做到不念旧恶,当初被批评的人就不太会怨恨,即便有,也可能少数。

伯夷与叔齐是洁身自好、见不得过错的人,但却能不念旧恶,此为难得。

二十三　孰谓微生高直章

子曰:"孰谓微生高直？或乞醯焉,乞诸其邻而与之。"

此章所记,可谓日常生活中非常琐碎的事情。有人向微生高讨醋,微生高没有,便向邻居讨来给人。醋在古时也只是寻常物,自己没有,就直说没有好了,何必要去讨来给人？或者知道邻居有,可直接告知,让人自己去讨。

孔子非常看重"直",《论语》中多处谈到。直,就是真诚。做人的基础在真诚,真诚稍失,虚妄即起;虚妄的意念一旦产生,就如蚁穴溃堤,人的各种各样毛病就会接踵而至,一发不可收拾。

借醋虽是极小的事,却可见直的缺失。

二十四　巧言令色足恭章

子曰:"巧言、令色、足恭,左丘明耻之,丘亦耻之。匿怨而友其人,左丘明耻之,丘亦耻之。"

此章似为上一章作注脚,将直的反面充分呈现了出来。

在《学而》篇,已读到过"巧言令色,鲜矣仁",也读到过"恭近于礼,远耻辱也",因此,对于此章所列举的"巧言"、"令色"、"足恭",就不陌生了。唯一要申述的是"足恭"。对人恭,有个尺度,即近于礼。足,则有凑足的意思,这中间就有不诚。

至于心怀怨恨,表面上与人相好,当然更不诚实,不足于议了。

此章提到的左丘明,与《春秋左氏传》作者不是同一人。孔子以他自比,或是当时的一位名人。

二十五　颜渊季路侍章

颜渊、季路侍。子曰:"盍各言尔志?"子路曰:"愿车马、衣轻裘,与朋友共,敝之而无憾。"颜渊曰:"愿无伐善,无施劳。"子路曰:"愿闻子之志。"子曰:"老者安之,朋友信之,少者怀之。"

两位高足陪伴着恩师,畅谈各自的志向。很有画面感。

子路就是季路,他的志向是与朋友分享自己的车马与衣裘,虽坏无憾。颜回的志向更精神面一些,不夸耀自己的善德,不吹嘘自己的劳苦。孔子的志向似乎很平淡,但其实很高远:给前辈安宁,给同辈信任,给晚辈关怀。

《易传·文言传》解《乾卦》九二爻"见龙在田",称"天下文明"。表示龙虽不在上位,见龙在田,却以言行感化世界,令天下文明。正可以用来体会孔子老安少怀的精神气象。

二十六　已矣乎章

子曰:"已矣乎!吾未见能见其过而内自讼者也。"

"吾未见"不等于"没有",而且也属于一种婉转的表达,但即便如此,孔子仍是透露出相当沉重的无奈。也许这是特殊情景中的感慨吧。

能够真的认识到自己过错的人,的确不多;看到自己过错而又能真的内省的人,那就更少了。这里的关键是"真的",因为形式上的自讼并不少。从小到大,每年都要写总结,优点若干,缺点若干。年年写,年年照旧。日常生活中的不良习惯,其实无不因循所至。孔子之叹,读懂易,践行难。难在不愿,而非不能。

二十七　十室之邑章

子曰:"十室之邑,必有忠信如丘者焉,不如丘之好学也。"

十户人家的村落虽很小,但忠厚守信的人还是有的,好学的人却真的有数。事实上,更大的组织,更多的人群,真正好学的,也恐怕屈指可数;而能与孔子比肩的,真的恐怕是没有的。

人的资质相近,差别主要是后天习染造成,而学习与否是其中最重要的原因。学习当然取决于很多条件,但最重要的总还在于个人。好学与否,既决定每个人的生存状态,也决定每个人的生活方式。

儒家构成中国文化的主流,孔子好学对于中国文化性格的形成影响深远。

雍也第六

知之者不如好之者,
好之者不如乐之者。

雍也第六

一 雍也可使南面章

子曰:"雍也可使南面。"仲弓问子桑伯子。子曰:"可也简。"仲弓曰:"居敬而行简,以临其民,不亦可乎?居简而行简,无乃大简乎?"子曰:"雍之言然。"

此章《朱子语类》分两章,这里取《论语集注》为一章。

孔子认为冉雍的才德可以从政,南面就是朝南坐,比喻从政。

仲弓即冉雍,问子桑伯子如何,孔子觉得资质不错,只是简约了。

简约本是好的,但也有前提。冉雍接过话,进一步分析简约有两种:一是立身敬诚下的简约,二是立身散漫下的简约。前者从政是可以的,后者从政便太简,会失之于粗陋。孔子认同仲弓的分析。

居敬者,理应心无杂物,简约行事,但却未必,故朱子强调居敬与行简是两项工夫。

二 哀公问弟子章

哀公问:"弟子孰为好学?"孔子对曰:"有颜回者好学,不迁怒,不贰过。不幸短命死矣!今也则亡,未闻好学者也。"

孔子弟子三千,通六艺者七十二,但孔子独称誉颜回好学。颜回的好学究竟与其他弟子有何不同?《论语》中多有记载,此章"不迁怒,不贰过",也是一个鲜活的见证。

这个见证,不在知识,而在践履。颜回的知识也许还没有达到博通的程度,毕竟他年纪轻轻即死了,但他的践履却进入相当境界,以他的短命,实在难能可贵。

怒与过,都难免,关键在"不迁"与"不贰"。不迁怒,说明克己工夫很强;不贰过,反映用力工夫很正。颜回的好学在此。

三 子华使于齐章

子华使于齐,冉子为其母请粟。子曰:"与之釜。"请益。曰:"与之庾。"冉子与之粟五秉。子曰:"赤之适齐也,乘肥马,衣轻裘。吾闻之也:君子周急不继富。"原思为之宰,与之粟九百,辞。子曰:"毋!以与尔邻里乡党乎!"

子华为孔子去齐国,冉有为子华母亲要粟米,孔子只同意给一些;冉有说加点,孔子只同意加一点。冉有自己作主给了较多。孔子略加责备,以为子华乘壮马,穿裘衣,家境殷实,不应给了。

孔子在鲁国做官时,原思担任孔子的家臣。孔子给他九百粟米,原思推辞,孔子劝他不必推辞,可以拿去分给邻里乡亲。

薪酬分配,包括慈善,都是一门大学问。从子华与原思的故事,可知孔子有他的原则。比如,周济急难,不襄助富人;又比如,分给邻里乡亲。

四　子谓仲弓章

子谓仲弓曰："犁牛之子骍且角，虽欲勿用，山川其舍诸？"

犁牛虽毛色不纯，但生下的牛犊却毛色纯赤，而且牛角端正，这样的牛犊虽不舍得，但正适用于祭祀山川神祇。

仲弓的父亲是贱人，而且品行不端，但仲弓很优秀，才德可以从政。孔子不忍心对做儿子的讲他父亲的不好，以此比喻，称誉仲弓。

孔子的时代恰逢士阶层崛起，士阶层并非一定出身于世系贵族。像仲弓这样出身不好，但才德超迈，完全可以改变自己的身份，由贱民上升为士。此章可见作为士阶层的灵魂，孔子是完全主张社会阶层的流动的。

五　子曰回也章

子曰："回也，其心三月不违仁，其余则日月至焉而已矣。"

颜回能三个月不背离仁，而其余弟子只能偶尔做到。

仁仿佛是人的精神家园，不违仁就是人待在这个家园里。颜回能以仁为家，长住其中，虽偶尔外出，总是常回。别的人却只是以仁为客栈，只是偶尔去住而已。差别在此。

古人以三个月为自然的节点,凡事能坚持三个月,便略见规模,再坚持就有所成了;而且三个月也能形成一种惯性,再坚持也不觉得很费力。

后人常讲颜回的工夫与孔子的境界尚隔一间,颜回还需用力收放心,孔子则浑然与仁同体。

六 季康子问仲由章

季康子问:"仲由可使从政也与?"子曰:"由也果,于从政乎何有?"曰:"赐也可使从政也与?"曰:"赐也达,于从政乎何有?"曰:"求也可使从政也与?"曰:"求也艺,于从政乎何有?"

"何有"是"何难之有"的省略。季康子向孔子了解三位学生能否从政,孔子各加点评,以为皆可。

三位学生当然也都是各有缺点的,像仲由(子路)、冉求都有批评,端木赐也不例外,但三人各有所长,能取其长,都可以用。孔子的人才观念,实在是很开明。

孔子之论人用人,不仅开明,且重匹配。人虽各有才,但也决非都适合从政。三位弟子皆可从政,是因为他们或有决断力,或通事理,或多才能。虽然不同时代有不同标准,但孔子是有他的标准的。

七　季氏使闵子骞为费宰章

季氏使闵子骞为费宰,闵子骞曰:"善为我辞焉! 如有复我者,则吾必在汶上矣。"

季氏请闵子骞做费邑执政,闵子辞谢,并说如再来,就过汶水去齐国。

有学者讲,为季氏这样的权臣做事,唯圣人能自保;圣人以下,刚者取祸,柔者取辱。子路做了,死于非命;冉求做了,只能帮季氏敛财。闵子是对的。

朱子在《论语集注》中引了这话。不过与学生讨论时,朱子讲,引这话是想警醒懦弱者,并不表示完全认同。春秋时诸侯用人,仍讲出身,如不做大夫家臣,就无官可做。家境好,尚可;家境贫寒,则奈何。可见,说理应严,论人宜宽。

八　伯牛有疾章

伯牛有疾,子问之,自牖执其手,曰:"亡之,命矣夫! 斯人也而有斯疾也! 斯人也而有斯疾也!"

冉伯牛很有德行,不幸染疾将亡,孔子与他诀别。

古礼,病人住北窗下,遇国君探视,则移至南窗,使君面南而视。孔子不愿承受此礼,故不进门而由窗口执手诀别。

万物有生必有死,其长短就是其命。命生而获得,自然所赋,故称天命。孔子罕言命,此因痛惜伯牛而叹命。

孔子感叹中专称"斯疾",即这样的病。也许是疑难杂症,也许是寻常的病,如是后者,则也可能是伯牛不够注意而致身亡。故前人又强调孔子是警示人,凡病即须重视,即"谨疾"。

九　贤哉回也章

子曰:"贤哉,回也!一箪食,一瓢饮,在陋巷,人不堪其忧,回也不改其乐。贤哉,回也!"

《庄子》载,孔子问颜回:你家贫居卑,为何不去做官?颜回说:城郭内外各有些田,吃饭穿衣也够了,鼓琴足以自娱,跟老师求道足以自乐,就不愿去做官了。

儒家的淑世情怀中别有一层自在自适、自得自乐的境界,颜回不愿牺牲这一境界而去改变现实的生活境遇。尝有学者说,颜回就是儒门里的庄周。

没有人会喜欢箪食、瓢饮、陋巷,颜回也不例外。但那个让他自在自适、自得自乐的天地究竟又是什么?朱子说,不要去问颜回,要向自己身上讨。

十　冉求曰非不说子之道章

冉求曰："非不说子之道，力不足也。"子曰："力不足者，中道而废，今女画。"

人做事，能力有限是很正常的。人都有识见与气质的限制，识见不到，气质不够，虽很努力，也只能达到一定水准，难以更进一层。这种感受，人生不同时段都能体会，也只能尽力去做，不必过虑于结果。

这种中道而废是真的力有不足，与半途而废有所区别。半途而废是自我放弃，那是意志力的问题。

比半途而废更不给力的，是不愿做。但人又往往要为自己的行为找理由，不愿做，又自觉不妥，就只能说没能力了。孔子告知冉求，那是画线自限而已。

十一　子谓子夏章

子谓子夏曰："女为君子儒，无为小人儒。"

子夏学问甚好，这样的学者往往细密谨严。因为洞察细微，故又容易委曲周旋，治学流于投人趋时所好。

儒近于现在的知识人。古人讲学识，不仅知，亦在行。知行本一体，真知出笃行，但知与行又不必然合一。以知识为业的人，知上固然重要,行上尤见工夫。孔子讲君子儒与小人儒,即是高下的区分。

儒分君子小人,可以是两类人,亦可是同一人的两种状态。朱子讲小人儒得名于三:为人、为利、徇外务末。坐此病即是小人儒,溺之浅深则有不同。

十二　子游为武城宰章

子游为武城宰。子曰:"女得人焉尔乎?"曰:"有澹台灭明者,行不由径,非公事,未尝至于偃之室也。"

子游任武城县令,为政以得人为先。孔子问他发现人才否,子游讲了澹台灭明。人往往喜欢走捷径,澹台却不走小道;做部下的多希望亲近领导,澹台无公事则从不去子游那里。可见澹台立身行事很刚正。

澹台其实是孔子的学生。据《史记》讲,澹台状貌甚恶,孔子以为材薄,但受业后修行有成,后来颇有成就,孔子还为此批评自己以貌取人。

以貌取人,实属常事。人的形貌无疑有很大作用,尤其是给人第一印象时。但是,人的立身行事终究是根本。

十三　孟之反不伐章

子曰:"孟之反不伐,奔而殿,将入门,策其马曰:'非敢后也,马不进也。'"

现代社会倡言竞争,显秀争功,已为当然。古人内敛许多,但争胜矜伐之心也是很自然的,要完全剔除,决非易事。

但世上也的确有不争功的人,孟之反就是。孟之反别的事迹也不太清楚,只知他是鲁国的大夫。孔子这里讲的,《左传》中也有记载。孟之反败退时殿后,但是快要退进城门时,他却鞭打自己的马,说自己并不是胆敢断后,而是马跑不快。败退时殿后,明明是让自己承担风险,进城门时却故意策马并那样解释,这样不争功的人实在难得。

十四　不有祝鮀之佞章

子曰:"不有祝鮀之佞而有宋朝之美,难乎免于今之世矣!"

祝鮀是卫国的大夫,祝是他的官衔,鮀是他的名,口才极好,故称佞;宋朝是宋国的公子,名朝,长得很好看,故称美。

孔子感叹,有宋朝的相貌,而无祝鮀的口才,在那个时代是很难混的。这显然是他的感时伤怀之语。古人以为,一个社会如果不崇尚人的才德,而在乎人的容貌与口才,则是衰世的表证。

事实上,孔子并不全然否定美与佞,祝鮀也是他比较肯定的卫国大夫。孔子强调的是,美佞只是外在的形式,必须基于质实的内容,才真正有价值。

十五　谁能出不由户章

子曰:"谁能出不由户？何莫由斯道也？"

人走进走出,总要经过门,不经过门,那自然是发生了什么意外,或者是不正当进出。走路也一样,总要走在道上,不然不免麻烦。

孔子问这样的话,当然不是真的指人进出、走路,而是比喻人的生活、社会的运行,都有它的路径与门户,应该遵循。

但是,如此浅显的道理,何以要如此发问呢？无外乎二:一是虽天天进出门,走在路上,却浑然不知;二是骑马找马,明明走在道上,却偏要瞎折腾。

人与自己的生活方式是粘连在一起的,孔子点明这点。

十六　质胜文则野章

子曰:"质胜文则野,文胜质则史。文质彬彬,然后君子。"

小朋友的率性而动,在孩子是可爱,在成人有时便显得粗野。人类文明就是驯化人的粗野,只是这个驯化应基于人的天性,而非扼杀,理想的状态是文明与天性相互匹配,恰到好处。落在个人,即是君子了。

现实中的人总是难以时时做到恰好,儒雅的人也会失态爆粗口,粗鲁的人也会通情讲理。这是正常的。只怕质直者视教养为虚文而不屑,文明人流于世故甚至虚伪还自以为是。相形之下,前者尚可补,后者则不可救,故与其文胜质,毋宁质胜文。

十七　人之生也直章

子曰:"人之生也直,罔之生也幸而免。"

人活着,要正直。这个正直,本是人活着的前提,就像开车要循着车道。但是,也有人不正直,欺罔着做人,也照样活着,仿佛开车随意变道提速,好像也没事故发生,这只能说是运气好,侥幸免死。

世上万物都有它的概率,每个人也都有这样或那样的运气。如果做事做人,一辈子都凭运气,不能说完全没有可能,但这样的概率终究是不会很高的。

正直地做人做事,要想有异样的收获,好像也难,但这终是正道,而且真正的人生也终是走正道成就的。

十八　知之者不如好之者章

子曰:"知之者不如好之者,好之者不如乐之者。"

知道与喜欢,差距是明显的;喜欢和以之为乐,差距也是明显的。这种差距,有些还只是呈现在人的行为层面,有些则进入到人的精神层面。在知道的阶段,虽然也能想象喜欢的味道,喜欢的阶段也能想象乐此不疲的味道,但如非真的亲身体会,恐怕终只是想象,是难以有亲切之感的。

从知道到喜欢,进而乐在其中,需要很大的工夫。有时甚至只有工夫也未必能达到,还须依赖于各自的天性禀赋。

此章虽只是一句话,但足以与现代的游戏理论相印证。

十九　中人以上章

子曰:"中人以上,可以语上也;中人以下,不可以语上也。"

"中人以上"与"以下",即孔子别处所说的"上智"与"下愚"。这种区分,不全在人的资质,也包括了人的努力。资质虽好,工夫没有,也是日趋下流。

人虽各具才情,但社会不免以某种尺度去评判,故自然有上、中、下之分。只是,在这个尺度下的上、中、下,在另一个尺度下可能会发生变化。

面对不同的上、中、下,讲什么,怎么讲,大有学问。虽然道理就是一个,但说法却必须因人而异,否则不仅是对牛弹琴,而且还可能适得其反。"君子喻于义,小人喻于利",可以印证。

二十　樊迟问知章

樊迟问知。子曰:"务民之义,敬鬼神而远之,可谓知矣。"问仁。

曰:"仁者先难而后获,可谓仁矣。"

做任何事,都可能有成有败,有顺有逆,有些是自己能掌控的,有些是自己无能为力的。一个明智的人,应尽心尽力于自己能做的,所谓"尽人事"。如果凡事求神拜佛,寄望于那些自己无能为力的东西,而放任自己能做的,实在就是很不明智的。但是,不求神拜佛,也不必去冒犯,明智者敬而远之。

仁是做人的大标准,论其极致,仁者与万物为一体。但是,要与万物同体,关键是放得下自己。因此,仁的起手处,无外是尽可能克制一己之私,但这很难。

二十一 知者乐水章

子曰:"知者乐水,仁者乐山。知者动,仁者静。知者乐,仁者寿。"

《易传》讲,圣人设卦观象;又讲,仰观天文,俯察地理。观物取象以喻理,这是中国哲学最重要的思维方式。一个物象既可指喻多层义理,一个义理也可呈现在多个物象中。象与理的指代的不确定性,导致任何建模都是开放的,衍生的理论也就只具有或然性,而不具有必然性。概率成为重要的指标,识者观物取象水平的高低,决定其理论的准确概率。

山与水,天地间最易显见的物象,取此以喻仁与知,再喻动与静,再推出寿与乐。为什么?自己体会。

二十二　齐一变至于鲁章

子曰:"齐一变,至于鲁;鲁一变,至于道。"

当年太公望封于齐,周公旦封于鲁,二公交流治国理念。周公治鲁,尊尊亲亲,先仁后义,太公以为鲁国将因此而衰;太公治齐,举贤而尚功,周公以为齐国后世必有劫杀之君。齐行霸业,至二十四世,应了周公的话;鲁举王道,如太公所言,国力日衰,至三十二世而亡。

后世执政虽称合王霸并用,实以霸为主,王为门面,故儒者辨王霸是非。徒行霸道则乱,徒行王道则衰。古人以禹、汤、文、武、成王、周公为小康,孔子所谓"至于道",指大同,这是理想。

二十三　觚不觚章

子曰:"觚不觚,觚哉? 觚哉!"

觚是古代一种带棱的生活器具,孔子感叹觚已制作得不像觚,让人不知该如何称呼,能继续叫觚吗? 觚就成了这样!

孔子当然不只是谈生活器具,他是借物说事。春秋动荡,旧制度在消解,新制度没形成。孔子并不是一个固守旧制度的人,他只是很反感挂羊头卖狗肉,强调名实要相符。

生活中的人是很容易被误导的。比如学生就是学生,但却会在时代的洪流中被激荡得心旌动摇,或革命,或造反,或创业,等到潮退浪平时,始知白了少年头,空悲切。

二十四　井有仁焉章

宰我问曰:"仁者,虽告之曰:'井有仁焉。'其从之也?"子曰:"何为其然也? 君子可逝也,不可陷也;可欺也,不可罔也。"

有一学生,在基层做警察,因为整日与不良者打交道,不免对人对事有点失其信心。某日问:推、蛮、横、赖较为流行,想行仁道,又不想吃亏,奈何? 所忧正与宰我同。

宰我设想井里落了个人,仁者自当去救,是否也跳下去呢? 救人者唯有在井上,才能救人,跳下去自己都完了,还怎么救人? 孔子讲,仁者会去救,但不会自己陷进去,"可逝不可陷";仁者待人接物,可能被骗,但不会被愚弄,"可欺不可罔"。

真正的仁者是基于知的,无知者是难为仁的。

二十五　君子博学于文章

子曰:"君子博学于文,约之以礼,亦可以弗畔矣夫!"

"博文"、"约礼"被认为是孔门要法,不仅是初学的门径,而且也是成学的依据。

"博学于文"是对世界的认知,"约之以礼"是落实在自己的生活。能博学,不能守约,实际上是所学不得其要,泛滥无归。仅守约,不基于博学,所守的也许是抱残守缺,难免于固陋。只有两者兼有,才可能真正不背离正道。

"博文"与"约礼"也很难分出轻重与先后。博学固然是不断拓展的过程,但也一定不断进行着分类,梳理出关键,落实于行动,并反馈于学。其间,工夫深浅,体会不同。

二十六　子见南子章

子见南子,子路不说。夫子矢之曰:"予所否者,天厌之!天厌之!"

南子是卫灵公夫人,淫乱有名。孔子见她,究竟是被迫的,还是出于礼节,实在已不得而知。此事大概总是一件受辱的事,子路性直,表现出很不高兴。孔子发誓,如有违礼,老天将厌弃自己。

后世有为圣人讳的,尽力说圆;有攻击孔子的,借此竭力污化。其实朱子讲得很好,圣人道大德全,无可不可。人不免要遇见各色人,虽然最好是不遇见恶人,但万不得已遇见了,也坦然,别人是别人,我是我。至于孔子发誓,其急迫状,正显出孔子的真性情。

二十七　中庸之为德章

子曰:"中庸之为德也,其至矣乎!民鲜久矣。"

"中"是无过不及,恰到好处;"庸"是平常,不稀奇古怪。人对于平淡无奇的东西往往习以为常,不以为重要;对于中规中矩的东西也觉得单调,不以为难得。其实,平淡无奇而又恰到好处,不是偶而得之,而是时时达到,真的是最高境界。

孔子说他那时代,人们失去中庸这一最高品德已很久了。今天岂不更久?这颇令人感叹,也不免疑惑。但每当进博物馆,诧异上古怎么能制作出那样的器物时,又深觉得只有以中庸为德的人才能做成,便相信孔子是对的。

二十八　子贡曰如有博施于民章

子贡曰:"如有博施于民而能济众,何如?可谓仁乎?"子曰:"何事于仁,必也圣乎!尧、舜其犹病诸!夫仁者,己欲立而立人,己欲达而达人。能近取譬,可谓仁之方也已。"

猜想子贡见孔子倡导仁,却又不许一人为仁者,就拿博施济众来拷问孔子。但那是两回事!博施是多,济众是广,多与广都无止境,这样伟大的事业岂是常人能做到?即便尧、舜也难,只有圣人能承担。仁,是道理,是心境。虽常人,只要愿意,都能体会与培植。

人站时,希望有个站处;去哪里,便想能到达。立与达,说尽了人的全部。能由自己的立与达,推及他人,成全他人,这就是仁的实践;践行仁道的最有效路径,就是凡事引到自己身上来思量。

述而第七

志于道，
据于德，
依于仁，
游于艺。

述而第七

一 述而不作章

子曰:"述而不作,信而好古,窃比于我老彭。"

老彭是商朝贤大夫,孔子以他自比。"窃"指私下偷偷地,表示自谦;"我"指我们的,表示亲切。

孔子自称没有制作什么,只是整理编纂了旧材料,这就是汉以后构成中国传统知识基础与核心的"六经"。"六经"是既往生活的梳理,故后世讲"六经皆史";又蕴涵着对人类价值的确认,故后世不断阐明其中的"微言大义"。

或以为孔子既无创作,又似保守,不足以言。其实,知识成于分类,"述而不作"正是要法;价值源于传承,"信而好古"诚为关键。

二 默而识之章

子曰:"默而识之,学而不厌,诲人不倦,何有于我哉?"

此章内容,《述而》中别有记载,但语境略不同。此章孔子自称默识、学不厌、诲不倦三者都没能做到。想来是有人这样称誉孔子,孔子自谦。

"默识"之"识"有二解:一是牢记,心有默契而牢记。二是识得,不可言表而心知。朱子主张前者,联系后两句,是合理的。

默而识之,学而不厌,诲人不倦,看起来不是了不起的事情,但作为学者,决非易事,常人自然更难。学不见道,虽久也难默识;学非所乐,很难日久不厌;事不关己,哪来不倦的热情与耐心?

三 德之不修章

子曰:"德之不修,学之不讲,闻义不能徙,不善不能改,是吾忧也。"

孔子所忧四事,分说各是一端,合之是一整体。

修德是工夫与本体的合一。德是本体,修是工夫。德是道理见之于心,心随事而发,其状如何,唯自己知道,故需时加体会调适,这便是修。

修德据于明理,故不能不学,而学问是必须讨论讲习的。

明白了道理,践行又是一大考验。有些事,方向虽然正确,但有许多不合理处,一旦认识了,就要调整。有些事,压根就错了,那就要下决心改。

各人的问题或有不同,四事可以成为入手处,引导自己解决问题。

四 子之燕居章

子之燕居,申申如也,夭夭如也。

"燕居",就是闲居。"申申",形容身体仪态舒缓;"夭夭",比喻精神气色和悦。

人在工作或周旋时,精神自然有所关注,身体也会相应作出反应。但是闲居无所事事时,则有可能身体完全怠懈,精神彻底涣散,甚至显出无聊状,久而成病。许多平常工作很忙的,甫退休,即生病,与身心状态不能说毫无关系。也有相反的,虽闲来无事,却也整天沉着脸,心事重重,心情纠结。

此章所记孔子闲居,不仅状其形态,而且表其神情。要言之,中和气象,和煦如春。

五　甚矣吾衰章

子曰:"甚矣吾衰也!久矣吾不复梦见周公!"

庄子讲"至人无梦",佛家也常这样讲,以求超脱俗心,合天道,得清净。孔子梦周公,以人世为怀,故儒家讲究梦得其正,不要胡乱梦。

古人解梦,大致以梦为睡时的思虑,与白日心系之事相关,日有所思,夜有所梦。但又承认不全如此,有些梦与平日关心并无必然关系。

孔子久未梦周公,以证自己年衰。心志于道,虽无老少之别,但行道有赖于身体。朱子尝讲,年届七十还能做个甚!朱子又别解,不是孔子衰,而是时世衰,否则老天不教孔子衰。

六 志于道章

子曰:"志于道,据于德,依于仁,游于艺。"

人的意义与情趣,全在人的确认与培植。"志于道",并没有对人生作必须这样或那样的狭隘界定,只是要人走应该走的路。"志道"只是个大概,必须进而"据于德",有具体的落实,将应该要走的道路,转化成具体的每一步。道与德,见之于行动,形于外,但本于心。心绪万端,而生生活泼的仁是心的本体,须"依于仁"。

与道、德、仁相比,艺似稍轻,但不应以为轻。孔子教礼、乐、射、御、书、数"六艺",全是当时生活之实用,后世教育对生活技能日益不重视,为害不浅。

七 自行束脩以上章

子曰:"自行束脩以上,吾未尝无诲焉。"

教育传授道理,道理与钱无关,但教师是职业,不取课酬,这一职业就无法存在了。当年,宋真宗讲筵讲到此章时说:"圣人教人也要钱。"当然呀,否则孔子不吃饭?

事实上,孔子是非常成功的民办教师,他先后收三千弟子,周游列国有一帮学生跟着,还有车,虽有支助,但费用也不小。没钱,怎么弄?

不过,读书虽要交学费,但穷人没钱,象征性的表示,孔子并不拒之门外。"束脩"是干的肉脯,很不值钱。现在人们串门,也常带份礼,何况拜师求艺?

八 不愤不启章

子曰:"不愤不启,不悱不发。举一隅不以三隅反,则不复也。"

"愤"是用心思考而不得,"悱"是心有所知而说不出,这时候给予启发,教学的效果就比较大,也往往真正受用。如得来全不费精力,则容易不当回事,甚至如春风过牛耳。

举一反三,也是强调学习者的自身努力,但与愤、悱注重心想与言达相比,更具体说明推理与联想在学习中的应用。

显然,孔子教书是不搞死记硬背那一套的,他似乎更重视学生学习能力的培养,其中,思考与表达特别重要。

此章虽讲孔子的教学法,对教师极具启发,但对受教者同样重要。

九 子食于有丧者之侧章

子食于有丧者之侧,未尝饱也。子于是日哭,则不歌。

此章有的版本分成两章,今取朱子《论语集注》为一章。

平时常听人用"性情"二字称誉人。性情之可贵在于真,但仅是真,似乎并不够,还应该得乎其正。性情由真而正,那才是好。

孔子吊死抚丧,心有所哀,食不甘味,所以没吃饱。吊丧时哭了,一整天不开心,这天自然也就没心情唱歌了。有人说孔子"诚",朱子讲,不要简单地用"诚"来含糊概括,要从这里显示出的孔子的性情看到孔子的自然厚重与不轻浮。这个自然厚重与不轻浮,大概是性情得乎其正。

十 子谓颜渊曰章

子谓颜渊曰:"用之则行,舍之则藏,唯我与尔有是夫!"子路曰:"子行三军,则谁与?"子曰:"暴虎冯河,死而无悔者,吾不与也。必也临事而惧,好谋而成者也。"

"用行舍藏",自古以来已成为读书人的座右铭,但其实到此境界极难。一是舍藏要没有无可奈何、安之若命的心情,如有就还是有固执心,只是不得已而已,不是真正的归藏。二是用行时行个什么?舍藏时又有什么值得藏的?

相比之下,用行比舍藏更难。有机会做事,却做不成事;有机会讲话,又陷入失语。

三军固然要勇,行三军则必须谋。当然,好谋而成,最后成事,勇仍是必须的。无论谋与勇,临事而惧是前提,人不可能总是稀里糊涂地把事情做好。

十一 富而可求章

子曰:"富而可求也,虽执鞭之士,吾亦为之。如不可求,从吾所好。"

孔子倡导仁学,儒家强调正其义、不谋其利,使人产生孔子与儒家轻视财富的错误认识。

没有人厌恶财富,孔子亦然。只是财富由何而来,这是一个重要问题。孔子讲,如果财富可求,哪怕卑贱的活也是愿意做的。事实上,孔子出身时家境已没落,少年谋生即做过许多苦活。

只是谋生与致富实在是两回事,人如生活在荒唐的时代,富几乎是不可能奢望的;即便是在静好的岁月里,富也恐怕难以靠干苦活求得。既如此,人生为何不去做一些自己喜欢的事呢?

十二 子之所慎章

子之所慎:齐,战,疾。

"齐",指斋。在宗教中,斋戒是非常重要的活动,一定会谨慎对待。孔子是人文主义者,儒学也不是宗教,但一则其时正是信仰转成世俗的时代,人神沟通仍是重要的事,二则斋祭仪式与礼仪有着相近的培植人的敬诚精神的功能,故从孔子起,一直受到儒家重视。

战争涉及民众生死、国家存亡,自然要非常慎重。《韩诗外传》等记载,颜回的一大志向就是铸兵器为农具,深获孔子认同,可知孔子尚和平、反战争。

疾病同样涉及人的生命问题,不能不慎。

十三　子在齐闻《韶》章

子在齐闻《韶》,三月不知肉味,曰:"不图为乐之至于斯也。"

《韶乐》是舜的遗音,孔子曾称颂它尽善尽美。此章记孔子到齐国,闻《韶乐》而深契之,竟至三月不知肉味。

《史记》也记录了这一故事,但有"学之"二字:学之三月,不知肉味。这就要比"三月不知肉味"更具体些了。

孔子曾讲"游于艺",他对技艺的化人功能是有深刻认知与切身感受的。但闻《韶》而三月不知肉味,并感慨未料此乐可以到这境地,表明孔子对艺的表现力还是相当震惊的。由此足见,艺术决不仅在审美,艺术创作切不可蛊惑人心!

十四　冉有曰夫子为卫君乎章

冉有曰:"夫子为卫君乎?"子贡曰:"诺;吾将问之。"入,曰:"伯夷、叔齐何人也?"曰:"古之贤人也。"曰:"怨乎?"曰:"求仁而得仁,又何怨?

出,曰:"夫子不为也。"

卫太子蒯聩触怒父王出逃,父王死,立蒯聩儿子辄为王,晋欲助蒯聩夺权,被辄击溃。冉有想问孔子是否愿出仕。子贡也想知道,但此事如直接问,孔子身在卫国,不便回答,故子贡问以伯夷、叔齐之事。

叔齐承父命继位,但伯夷是兄长,叔齐以天伦为重,要让位;伯夷则以父命为遵,不愿继位而逃走,结果叔齐也逃走不继位。

孔子以伯夷、叔齐为贤人,且更认为兄弟逊让王位是求仁得仁,无所怨悔,可知他不认同蒯聩、辄的父子争位,自然不会出仕。

十五 饭疏食章

子曰:"饭疏食,饮水,曲肱而枕之,乐亦在其中矣。不义而富且贵,于我如浮云。"

朱子提醒学生,读此章,关键是领会"乐"字。又近取诸身作比喻:气壮的人,遇热不怕,遇寒也不怕。古人讲气壮,就是今天讲身体强壮。以此为喻,则知乐如气壮,冷热是生活的境遇;气壮不畏寒暑,人乐不在乎贫富与贵贱。

贫与富是钱,贵与贱是身份。只要是人,都离不开此二者,但这些是否决定人的生活之乐,则是另外一回事。孔子当然不是乐于贫贱,但粗食凉水、曲臂当枕的生活中,依然有他的乐。孔子究竟乐个啥?谁弄明白,谁就是快乐的。

十六　加我数年章

子曰:"加我数年,五十以学《易》,可以无大过矣。"

"加"是"假",因声相近而借用;"五十"是"卒",因字相似而拆分。《史记》称"假我数年,若是,我于《易》则彬彬矣",故朱子指出孔子时近七十,"五十"是误写。

孔子删述"六经",除了《易》,其余五书梳理具体生活的人与事。人读那五书,仿佛案例教学,有启发,但难遇相同的事。

生活是现象,背后是依据。今天的依据是科学,古人的依据是易理,二者同是对自然的认识,朴素与精细有别。研究易理,就是由现象进入依据,弄清楚依据,生活不至于太悖理。

十七　子所雅言章

子所雅言:《诗》、《书》、执礼,皆雅言也。

"雅"是经常。孔子平常教人,主要是《诗》、《书》、《礼》、《乐》。《诗》表达情性,《书》记录政事,教这些重在培养立身处事的能力。礼需要践行,故讲执礼。

孔子深研《易》理,易理虽是有关自然的认识,但核心在推天道以明人事。与学生探讨易理,不如让学生研习技能更着实。一则技能中含有易理,二则技能到位,再讲易理也容易。这是扎实稳健的教学路径,于人生有利,对认识自然却不免淡化。

孔子亦修《春秋》,藏褒贬,但用于教人则不宜。

十八 叶公问孔子于子路章

叶公问孔子于子路,子路不对。子曰:"女奚不曰,其为人也,发愤忘食,乐以忘忧,不知老之将至云尔。"

也许是叶公问非所以,也许是子路难以描述老师,但却因此留下了鲜活的孔子自述。

无法知道什么事情让孔子发愤忘食,也不清楚他乐什么而忘掉忧愁,不知老之将至。不必非要知道具体的事情。用朱子的话,只需体会孔子的精神与骨力。

发愤,因为有所未得;乐,因为有所获。忘食忘忧,足见孔子是绝不愿意半上落下、有始无终、心志涣散的人。凡事真能投入,忘了自我,或融我于对象之中,才可能忘食忘忧以至于不知老去。这正是常人难能之处。

十九 我非生而知之者章

子曰:"我非生而知之者,好古,敏以求之者也。"

后人尊崇孔子,不愿说孔子是学而知之者,因此便解释孔子虽是生而知之者,但生而知之的还只是一番道理,后天不断努力学习的是具体的事物与技能,从而坐实生而知之的那番道理。

孔子虽承认世上有生而知之者,但此章讲得非常清楚,他不是生而知之者,而是学而知之者。孔子还具体说明了他的学习内容是既往的传统,他的学习方法是敏捷地汲取。

好古,形式上似守旧,但新的知识其实存于既往的生活。敏求,既是夫子自道,亦是对众人的勉励。

二十 子不语怪力乱神章

子不语怪、力、乱、神。

世上有怪事,比如夏天下冰雹,又比如有人用意念弄条蛇。有些真,也能理解,有些不一定真,也难理解。无论真假,能否理解,但一定不是寻常事。

世上也有不讲道理,只凭拳头、财富或权力的人,大家似乎也没办法,但人心难服。人心不服,人最终会厌恶,会唾弃。

也有人喜欢乱,乘火打劫,浑水摸鱼,甚至还说大乱才能大治,但无序的生活终究不方便。

神的事,更非人能讲清。讲人间事,更亲切。

故孔子不谈怪、力、乱、神,只谈常、理、治、人。

二十一　三人行章

子曰:"三人行,必有我师焉:择其善者而从之,其不善者而改之。"

善于学习的人,到处都是课堂,人人可为老师。这当然不是对学校与老师的贬损,而是在生活的更广意义上的理解。

专业的知识与技能,的确需要系统教育,但无时无处都在影响人生活的,也许更是寻常的惯习、言语,以及大量的日常生活能力。很难有哪所学校,有哪位教师,能够教会人生活,因为生活不是静止的。

人的社会性,决定了人最好的学习途径是对别人的观察。看到别人好的,自己模仿;看到别人不好的,自己纠正与防范。左右都是学习。

二十二　天生德于予章

子曰:"天生德于予,桓魋其如予何?"

《史记》讲:孔子到宋国,与弟子们在大树下操习礼仪。宋司马桓魋想杀孔子,拔树相胁,孔子只能离去。弟子们催快跑,孔子就讲:上天把德赋予我,桓魋能拿我怎么样?

这是句宽慰话。一群书生,遇到官兵,一定要行凶杀人,跑哪里跑得掉?淡定是唯一办法。淡定,才有可能化险为夷。

这又是句信念语,所谓"不做亏心事,不怕鬼上门"。信念,当然唯心。但人的生活其实就是由大大小小、各色各样的信念撑起来的,什么样的信念撑起什么样的人生。

二十三　二三子以我为隐乎章

子曰:"二三子以我为隐乎?吾无隐乎尔。吾无行而不与二三子者,是丘也。"

师傅带徒弟,常常留一手,或者技术上,或者人脉上。有的师傅确是这样做的。

当然,也有做师傅的其实并没有留一手,只是做徒弟的误猜而已。师傅通常总比徒弟的活做得好,人缘也广,做徒弟的误猜也正常。人的才质本来就有不同偏向,加之工夫深浅,差别很正常。

孔子的才艺更非寻常师傅可比,既高且远,弟子们难望其项背,自不免有孔子藏一手的误想。孔子教人不倦,岂会藏一手?孔子此语,虽是解释,意在消除误猜,但更在劝勉弟子努力。

二十四　子以四教章

子以四教:文、行、忠、信。

孔子行教,要人成仁者。后世以孔子为楷模,做圣人,或次一格,成贤人。成仁或做圣贤,都是高目标,但孔子与后儒,都相信人皆可以为尧、舜。换个说法，帝王将相宁有种乎？这已成为中国文化关于人的共同期许。

目标虽高，但起点却寻常，路也平实，文、行、忠、信而已。文与行偏技能，忠与信偏素质，孔子行教是技能加素质。

素质是根本，但如无技能，则如树无枝叶，根干无法茁壮。孔子教人，寓忠、信于文、行。文是知识，行是践履，枝叶茂又根干壮。

二十五　圣人吾不得而见之章

子曰："圣人，吾不得而见之矣；得见君子者，斯可矣。"子曰："善人，吾不得而见之矣；得见有恒者，斯可矣。亡而为有，虚而为盈，约而为泰，难乎有恒矣。"

圣人、君子、善人、有恒者，仿佛是优入圣域的四个台阶，工夫与境界不同。朱子讲：圣人是完全合乎天理，中间已无勉强；君子是样样能做，却不免勉强；善人是知道有善有恶，能为善不为恶；有恒者则是比较守本分。

孔子似乎对有恒者特别重视，视有恒为向善的起点与条件。守本分，本来不是难事，大概因为人觉得本分中的事是寻常事，守常就变得没价值了。只是，没有装有，虚胖当壮实，日子不好过偏要摆阔，这样假大空的事情是很难长久的。

二十六　子钓而不纲章

子钓而不纲,弋不射宿。

用纲在河里捕鱼,容易大小统捕,钓则有限;弋杀宿鸟,等于倾巢。那种绝流而渔、杀鸡取卵的做法,孔子是不做的。

余生长于鱼米之乡,儿时为弄吃的,钓虾、捕鱼、打鸟亦是常事。今思之,彼时心中似无孔子这样的自律。孔子少也贫贱,此处所记之钓、弋,虽不知是何时所为,但皆见他的仁心,即后来孟子所讲的不忍人之心。

《论语》记此,自是为了彰明孔子之仁。但以生态的意识观之,又足以见证儒家在处理人与自然关系上的原则是维护生态的平衡。

二十七　盖有不知而作之者章

子曰:"盖有不知而作之者,我无是也。多闻,择其善者而从之;多见而识之;知之次也。"

不知而作,那是妄动。这原本是不应该的,但事实上却是人常犯的病。孔子这么讲,今天也多见,可知古今通病。孔子不犯这样的病,看似平常,中间实有常人难有的虚怀若谷、理性明智。

真正的知,需见诸于心;耳闻目见之知,实是次一等,因为闻见之知不一定经得起推敲。然闻见之知终是知的起点,多闻多见是知识广博的唯一途径,读书也属于闻见之知。

知以心言,故听到的,要加以甄别,择其善者而用之;见到的,尽可能记住,以备将来所用。

二十八　互乡难与言章

互乡难与言,童子见,门人惑。子曰:"与其进也,不与其退也,唯何甚?人洁己以进,与其洁也,不保其往也。"

古书写于竹简,系以绳索,绳断就容易错简。朱子以为此章或错简,最后一句"人洁……往也",应在"与其进也"前面。如此,前后语气更顺。

有些地方与单位,风气所至,人很难沟通,与之言善,无益甚至有害。互乡就是如此。但孔子却见了那里的一个少年。孔子尝讲,与不可讲的人讲话,那是失言,这就不免令弟子们困惑。

孔子以为,当一个人向往善时,就应帮助他,而不应总追究他的过去,否则就过分了。这是孔子的胸怀,也见证他的仁爱。

二十九　仁远乎哉章

子曰:"仁远乎哉?我欲仁,斯仁至矣。"

仁,是孔子赋予人的特性。有了仁,生物意义上的人才真正成为社会的人。仁,并不只是将社会关系赋予人,而是为处于社会关系中的人注入了一种向度:生命的尊重与关爱。

孔子从不轻许人以仁,虽贤如颜回,亦不过"三月不违仁",成仁很难。为什么此章似乎又说得如此容易?只要我想,仁就到来。

人是有自我意识的动物。人的生命本无任何意义,也无所谓情趣,意义与情趣都是人自己注入的。欲仁,斯仁至。成仁,却要整个生命的过程来成就。

三十 陈司败问昭公章

陈司败问:"昭公知礼乎?"孔子曰:"知礼。"孔子退,揖巫马期而进之,曰:"吾闻君子不党,君子亦党乎?君取于吴,为同姓,谓之吴孟子。君而知礼,孰不知礼?"巫马期以告。子曰:"丘也幸,苟有过,人必知之。"

陈国的司败,也就是司寇官,问孔子鲁昭公是否知礼,孔子予以肯定。司败向孔子学生巫马期表示质疑,认为孔子偏袒昭公,因为昭公娶了吴国女子,吴与鲁同姓姬,按周礼同姓是不应结婚的。巫马期告知孔子,孔子欣然承认错误。

尝有二种解读。一认为司败是泛问,而昭公以知礼闻名,故孔子肯定,但针对具体事后,孔子坦承错了。二指出按礼,孔子既须为国君讳,又不能说娶同姓知礼,故选择自己受过。后者似更有文献依据,且更足以体会孔子。

三十一　子与人歌而善章

子与人歌而善,必使反之,而后和之。

每当与人一起唱歌,觉得好时,孔子一定要人再唱一遍,然后去随声唱和。

请人再唱一遍,也许是为了再次品味别人动听的歌声,也许是为了让别人不受影响地尽兴表演。若是前者,可见孔子的谦逊细密;若是后者,则见孔子的不掩人善。

学会倾听,在人人努力发声的今天,已显得非常难得。对话与沟通,往往是为了说服。随便插话,粗暴打断,几乎司空见惯。乐意唱和,更是难得。难怪朱子要说,此章中的孔子气象与诚意,难以概言,宜细细体味。

三十二　文莫吾犹人也章

子曰:"文,莫吾犹人也。躬行君子,则吾未之有得。"

"莫",是疑辞,犹如今日口语讲的"差不多吧"。它与句尾的"未之有得",都是自谦的表达。

孔子说自己,在"文",也就是广义的知识方面,自己或与别人都差不多,但在"行",也就是整个生活的践履上,自己却没有完全达到要求。

这样的自评,亦如整个的语辞一样,都是孔子的自谦。但是,由此也足以看到,孔子对于"文"与"行"、知识与践履的难易缓急的看法。在今天,知识的获得已不像传统时代那样困难,但就人生的最终落实而言,践履仍凸显其不容易。

三十三　若圣与仁章

子曰:"若圣与仁,则吾岂敢?抑为之不厌,诲人不倦,则可谓云尔已矣。"公西华曰:"正唯弟子不能学也。"

由此章孔子的自谦,可知他生前已被人称为圣与仁者。孔子始终没有接受这样的称颂,但是他也非常清楚地申明自己一生的追求就是成仁且圣,所谓的"为之"就是为此。

这又可见孔子的当仁不让,而且表明他倡导的仁且圣决非是空洞的说辞。

仁与圣,并无性质的差别,只是程度与境界的高低。圣是将仁扩大而进入化境。由仁且圣,其实是一个过程,故需不厌不倦。不厌,是指自己;不倦,是对别人。当然,这很难,故公西华坦承此唯弟子们所不能。

三十四　子疾病章

子疾病，子路请祷。子曰："有诸？"子路对曰："有之；诔曰：'祷尔于上下神祇。'"子曰："丘之祷久矣。"

遇到长辈患病，晚辈祷告，以求神佑，这种风俗自古即有，仪式随世风而变。佛教传入后，佛教与道教承担起这方面的功能。儒家的态度比较复杂，一方面理性，知道祷告无益；另一方面从俗，完全不祷告又于情不忍。

孔子态度偏向于理性，但又不伤情。他患病，子路请祷，他没直接否定，也没批评，而是问依据。子路回答了悼念亡者的诔文有祷告于天地神祇的说法，孔子却说这样的祷告，自己已很久了。意思是平时的言行都遵循道理，不必祷告了。

三十五　奢则不孙章

子曰："奢则不孙，俭则固。与其不孙也，宁固。"

"孙"，谦逊；"固"，陋敝。

人有钱了，各方面条件有所改善，本是正常。但如果追求奢华，就不免失之张皇，哪怕自己不是有意的。久之，便很难还能谦逊待人接物。

与奢华相反,一个人过分节俭,该花的钱不花,则又容易陷于陋敝。节俭本是应该倡导的,但过头,就容易使许多事情做得不到位。

不谦逊与陋敝,都有失偏颇,未行中道。但比较而言,"不孙"比"固"更麻烦。一是"固"之病尚在己,"不孙"之害恐及于人;二是如老话所说:"由俭入奢易,由奢入俭难。"

三十六 君子坦荡荡章

子曰:"君子坦荡荡,小人长戚戚。"

孔子教人,总是要乐,最好有终身之乐,无一日之忧。

乐与忧,似系于物,实系于心。试想手持股票,乐的人,想象着它的涨,自然是乐;如真的涨了,当然更乐;即便跌了,既跌,忧苦于钱无补,于心有伤,又何必忧? 故总是个乐,至少是不要不乐。忧的人,不涨时忧其不涨,涨了又怕转跌,真跌了更是忧苦。结果无论涨跌,总是忧。

可见君子与小人,决不必尽从道德品格上判,亦可从心智度量上看。程子讲,循理则坦荡,役物则忧戚,道理在此。

三十七 子温而厉章

子温而厉,威而不猛,恭而安。

传统中国以为,世上万物,包括人,都是秉气而生。气有精粗纯驳,故万物不同。这种呈现出的不同状貌,在人称气象。人的气象,既受先天秉气影响,又随后天修养变化。先天的由不得自己,后天的却全在自己,二者之合又影响到后代的先天所秉之气。

王安石有句诗:"丹青难写是精神。"人的气象,很难言喻。《论语》多以言行来呈现孔子,但亦有数章描摹其气象,往往言简而义丰,如此章称孔子温和而严肃,威重而不粗暴,谦恭而安详,令人想象。

泰伯第八

兴于诗,
立于礼,
成于乐。

泰伯第八

一　泰伯其可谓至德章

子曰:"泰伯,其可谓至德也已矣。三以天下让,民无得而称焉。"

周太王有三子,长泰伯,次仲雍,三季历;季历有子,名昌,即后来的周文王。太王欲替代商朝,但泰伯恪守君臣之义,不愿从父王之志,多次让位,最后与仲雍逃往蛮荒的荆楚,断发纹身,隐身泯迹。

后儒论此,略有纠结。殷商无道,天命归周,故从太王蓄志,到武王伐纣,实是循理而为。但以下犯上,又终是以暴易暴的忤逆之举,故对武王伐纣,亦多有微词。

孔子誉泰伯为至德,既因泰伯三让隐名之难得,又在泰伯的恪义,更在孔子的和平宗旨。

二　恭而无礼则劳章

子曰:"恭而无礼则劳,慎而无礼则葸,勇而无礼则乱,直而无礼则绞。君子笃于亲,则民兴于仁;故旧不遗,则民不偷。"

此章后一句"君子笃于亲……"有学者以为别为一章,可能是曾子的话,其意与《学而》曾子所讲的"慎终追远"相近。在上的君子如能对亲人厚道,不忘故旧,民众就会效仿起爱心,民风就不会淡薄无情。人类是高模仿动物群,各界精英对社会实是负有责任的。

此章前一句,对大家都有效。人的生活都是性情的呈现,真性情固然是重要基础,但恰到好处并不容易。恭、慎、勇、直都是好的,但失中就很容易劳、葸、乱、绞,故需要外在的规矩来范导,这便是礼的重要。

三 曾子有疾召门弟子章

曾子有疾,召门弟子曰:"启予足!启予手!《诗》云:'战战兢兢,如临深渊,如履薄冰。'而今而后,吾知免夫!小子!"

儒家重孝道。孝道之始,在自重自爱、自保自己的身体,即保身。身如不保,赡养与敬顺皆无从谈起。

人活一辈子,风险相伴,稍不留意,轻则受伤,重则丧生。曾子临终时让学生察看他的手脚,以示完好。又引《诗经》自喻,并警醒学生,对待生命要谨慎,至死方休。曾子固然是孝道的典范,但孔门弟子敬慎生命是一致的。

今日文明已远胜传统时代,但人的安全感似乎并没有改善,而人对生命的敬慎却淡了许多,更有人还动辄自残、轻生,亦是困惑。

四 曾子有疾孟敬子问之章

曾子有疾,孟敬子问之。曾子言曰:"鸟之将死,其鸣也哀;人之将

死,其言也善。君子所贵乎道者三:动容貌,斯远暴慢矣;正颜色,斯近信矣;出辞气,斯远鄙倍矣。笾豆之事,则有司存。"

曾子临终,鲁大夫孟敬之探望,遂留下这段引起后世争议的遗言。

"鸣哀"、"言善",表示归本之心,又强调所言之重。临终之际,即有千言万语,终只能讲最重要的话。

道存于一切,但曾子以修身为本。笾豆之事,喻指礼制,即一切制度政务。礼制也是道,但曾子以为属于官员职守,非道之所贵。

修身之要,呈现于体貌、神色、言辞。体貌持重,则免粗暴与慢怠;神色端正,近于诚信;言辞得体,则免鄙陋与悖理。

制度真的只是官员的事吗?此为后世所争。

五 曾子以能问于不能章

曾子曰:"以能问于不能,以多问于寡;有若无,实若虚;犯而不校——昔者吾友尝从事于斯矣。"

人怯于问,失面子,受冷遇,其实不必。问一下,可省精力,也可免周折。与有若无、实若虚不同,多问不全是谦虚,更是明智。

受人冒犯不计较,这需要胸怀,但又似不全是。《韩诗外传》记载子路、子贡、颜回的不同态度:子路是人对我好,我也对人好,人对我不好,我也不对人好;子贡是有所进退;颜回则犯而不校。此章所讲的昔者吾友,就指颜回。三人问孔子,孔子似无褒贬,只说三人分别是野蛮人、朋友、亲人间的做法。孔子的话有意味。

六　可以托六尺之孤章

曾子曰:"可以托六尺之孤,可以寄百里之命,临大节而不不可夺也,君子人与? 君子人也。"

受托扶持孤幼,承命摄政百里,不全是愿不愿的问题,更是能不能的问题。无此才能,托孤寄命,反害了人,乱了政,适得其反。

守节比托孤寄命难。托孤寄命,是有猷、有为,还是才智的问题;守节,不仅有猷、有为,而且有守,守比死都难。人处于一个变动的世界里,何以要用自己的生命去守一个道理? 这个道理真是值得守吗? 这需要极大的识见与定力。

曾子将托孤、寄命、守节合成一体,有才、有节始为君子。这为传统士人立了根很刚毅的标杆。

七　士不可以不弘毅章

曾子曰:"士不可以不弘毅,任重而道远。仁以为己任,不亦重乎? 死而后已,不亦远乎?"

仁者致力于成就自己的生命与万物。一个人的成长,不同年龄,不同境遇,对自己与外物的认识,都是变化的。如执于一见,就陷于狭隘,很难成就自己与万物。"弘",就是要宽广,识见要开放。

人有了识见,还须践履。践履不是三天打鱼两天晒网的事,最基本的是要坚持,要忍耐。这就是"毅"。成仁是终身之事,这"毅"就要死而后已。

朱子指出,与孔子的浑全温厚相比,曾子显得刚硬有圭角。后世儒家以曾子传子思,再传孟子为主,儒家气质颇受此影响。

八 兴于诗章

子曰:"兴于诗,立于礼,成于乐。"

孔子之教,始于《诗》、《书》,终于《礼》、《乐》。但兴、立、成,讲的是学习的功效,并非次序。

古人的诗,可以诵唱。唱歌时,须兴起精神,自己可感知情绪是否到位,作或抑或扬的调整。"兴于诗",就是兴起善心,惩创恶志。

礼是各项规矩。规矩对人的范导,仿佛无声的音律。

古人的乐,包括了舞。乐舞比诵歌要难,各种乐器、舞蹈须配合完美。人的情绪与行为到此境地,那与自然也就浑然一体了。

孔子之教,始终要使身心在活动的和悦中养成。

九 民可使由之章

子曰:"民可使由之,不可使知之。"

也有大儒,如王安石,取愚民之意来解此章。这与中国思想中的无智论传统有关,即朱子讲,"申、韩、庄、老之说,便是此意"。

程、朱的一种解释是孔子以行动为本,背后理据的认识相对来说并非是必须的。好比汽车制造厂只求用户会开车即可,不必强求凡开车的还必须弄明白汽车的原理与构造。

另一种解释是就实而言,要人照着做容易,要人弄清楚为什么这样做难,事实上有些人就是无法弄清楚的。非要人弄清楚,比如佛家定要人觉悟,反而是一种病。

十　好勇疾贫章

子曰:"好勇疾贫,乱也。人而不仁,疾之已甚,乱也。"

一个人好勇斗狠,不安分,容易惹是非,造祸乱;厌恶贫困,更会造反,毕竟像颜回这样的人是极少的。孔子教人,固然强调自我的修养,要人克己复礼,安贫乐道,但另一方面他深知好勇疾贫是社会动荡的原因,因此他的政治主张倾力于让人脱贫,让人接受教育。

不仅是政治主张,即便是平常的待人接物,也是尽量要宽待人。哪怕是不仁之人,也不可过于痛恨羞辱,而是尽量留点面子,给条路,腾些空间,使之慢慢回头,而非自暴自弃,破罐破摔。

十一　如有周公之才之美章

子曰:"如有周公之才之美,使骄且吝,其余不足观也已。"

有周公那样的完美才能,若德养不够,也不足以观。广义上这就是说有才无德的问题,但孔子将德具体到"骄且吝"。

"吝",俗话说就是小器,或小气。气是中国思想的特独概念,物质与能量的合一体,万物由气构成。一个人气不够大,自己都难以存活,自然或不能或不愿施予别人。不能是客观,不愿是主观,就是"吝"。

气小易吝,气大则易溢。如是分享,自然是好;如是显摆,那就是秀了,"骄"由此生。

"骄"与"吝",一气之盈歉。气歉不吝,气盈不骄,德始充养。

十二　三年学章

子曰:"三年学,不至于榖,不易得也。"

"至",朱子疑是"志",但也不确定。通常解读是以"志"解。读书三年,志不在谋稻粱,这是不容易的。读书不为求职,那为什么?当然是为了修身养性。

也可以不以"志"解。读书三年,还达不到求职的要求,这也是难得的。如此,就会以为读书无用,或教育失败。事实上,毕业找不到饭碗,原因很多。

读书是为了培养心志,还是为了谋取饭碗?读书人有此疑惑,教育者也争论不休。

儒家的基调是重在自己提升,为己之学,因为能否有好饭碗,实在由不得自己。

十三 笃信好学章

子曰:"笃信好学,守死善道。危邦不入,乱邦不居。天下有道则见,无道则隐。邦有道,贫且贱焉,耻也;邦无道,富且贵焉,耻也。"

凡事总是先信后学,但如只信不学,则信的也可能是虚妄。守节至死,是为了完善道义。倘若不足以善道,守死便无意义。故"笃信"与"好学","守死"与"善道",须相伴相成,不可分开讲。

危乱之邦,明智者在外自然不应进入,在内则应趁早离开。不过,如是身负重任的高官,当国家处于危乱之时,却是不应该逃离的。

出来做事,还是隐居,要看政治是否清明。政治清明,应该有所作为,太贫贱说明碌碌无为了;反之政治昏暗,却享富贵,那又是很成问题的。

十四 不在其位章

子曰:"不在其位,不谋其政。"

社会运行基于分工。若分工合理,各尽职守即好。故此章所言,实是原理。当然,国家危亡有时存于旦夕,身处此局应出位谋政,此属从权。

只是,寻常岁月中的人,常身已离位,心仍恋栈,或身在甲位,心牵乙、丙;更有不限于恋牵,进而插手者。所为何事?路人皆知。

公共事务自当天下人议之。然议亦有道,有本分,应基于知识作分析。若徒恃是非之心,举一偶发事,由个案到普遍,从具体至制度人心,偶发事公共化,言者为公知,识者恐亦不为。

十五 师挚之始章

子曰:"师挚之始,《关雎》之乱,洋洋乎盈耳哉!"

乐曲的尾章,古人称"乱",大概是形容各种音素同时呈现。如能和谐,即是完美,否则便真的乱了。

《关雎》一曲,从"君子好逑"的委婉,到"钟鼓乐之"的喜乐,人的情感清新而醇厚,婉转而热烈。师挚首先演奏此曲,一曲终了,令孔子赞赏不已,觉得到尾章,洋洋宏大,美到极致,曲终还余音盈耳。

人活在语言中,却常苦于言难尽意。言语穷顿之时,可以抒怀的,或只有音乐与沉默,而沉默是无声的音乐。孔子对师挚演奏的感受,实非语言能尽。

十六 狂而不直章

子曰:"狂而不直,侗而不愿,悾悾而不信,吾不知之矣。"

性情狂放者,多半富有理想与激情,本是极好的,但如不正直,其理想与激情恐反而有害,无论对人对己。

"侗"是愚鲁,"愿"是谨慎;"悾悾"者,才能较差。愚鲁而不谨慎,自己无能力又不信任人,正与"狂而不直"者一样,都是很让人不知所措的。

古人讲"天生我材必有用",因为人虽各有才情,但所有才情都有它的优长,只要发挥优长,都是好的。只是,所有才情的优长背后,又往往有病灶。人若真能尽其才,必克其病。若只有其病,不见其长,那是真麻烦。

十七 学而不及章

子曰:"学如不及,犹恐失之。"

韩愈有句名言:"业精于勤荒于嬉,行成于思毁于随。"可作孔子话的注脚。

一个人的经验、知识、学养,是在不断的体认与习得中累积培植的。无论是体认,还是习得,既要用心,不随便,更要勤勉,不嬉戏。不然,再好的经验与知识,都很容易失之交臂,学养很难培植。

孔子用"失"字,很传神。人唯有觉得珍惜之物,才会牢牢看护,唯恐丢失,比如钱。但对于学,却容易疏忽与轻慢。此亦正常,总是鱼要比渔更切近许多。只是鱼好,渔也是重要的。

十八　巍巍乎章

子曰:"巍巍乎!舜、禹之有天下也而不与焉。"

此下四章,皆说古代圣王的事迹。

所谓"不与",是说天下自是天下,我是我,我不以天下入己心,故我的心也就不给予外物,不受累于外物。

"巍巍",崇高之意,形容舜、禹。什么是崇高?高与矮是相对的。讲崇高,必是高出万物。

人的生活,必依赖于各种物资、名位,以及附于其上的种种东西。人拥有这些,本是为了人的生活,但人却不免被这些东西牵累,轻则视己与物平,重则循物而丧己。舜与禹拥有天下,但心不与物,故首出庶物,足显巍巍崇高。

十九　大哉尧之为君章

子曰:"大哉尧之为君也!巍巍乎!唯天为大,唯尧则之。荡荡乎!

民无能名焉。巍巍乎,其有成功也!焕乎,其有文章!"

最高出于万物的,当然是天。古人以天为准则,也就是效法自然。人都有效法自然的自我期许,希望自己变得崇高一点。只是常人皆有私情,难以真正达到天地之状。只有尧能无私,中正浩荡,百姓无以名状。

人效法自然,而自然无所为,故人应该无为而治。但自然虽无所为,却成就万物,人无为而治而又能繁荣社会,决非易事。尧取得了这样的成就,其功业巍巍,其制度焕然。

政治家效法天道,荡然无私,无为而成就万物,这成为中国的政治理想。

二十 舜有臣五人章

舜有臣五人而天下治。武王曰:"予有乱臣十人。"孔子曰:"才难,不其然乎?唐、虞之际,于斯为盛。有妇人焉,九人而已。三分天下有其二,以服事殷。周之德,其可谓至德也已矣。"

此章直呼"孔子曰",因上文讲武王,有君臣之义,录者示敬慎。又,或以为"三分天下"应别起一章。此颂周据天下三分之二,仍能以大事商,很难得。

虞舜有禹、稷等五位贤臣,天下得治。唐尧、虞舜以下,周武王时人才最多,著名者有周公、召公等十人,其中还有一位妇女。"乱臣"之

"乱",是"乿",古时的"治"。

接着前述"巍巍"章表彰心境,"大哉尧"章强调无为,此章讲人才。选贤与能是儒家理想政治的一个根本支撑,传统中国一直致力于合理而有活力的精英社会。

二十一　禹吾无间然章

子曰:"禹,吾无间然矣。菲饮食而致孝乎鬼神,恶衣服而致美乎黻冕,卑宫室而尽力乎沟洫。禹,吾无间然矣。"

良好的政治系于人。怎样的政治家才是好的?首出庶物的心境、无为而治的能力、选贤任能的胸怀……此章孔子表彰禹,是克己奉公的操守。

禹是舜的重臣,后禅让承位,拥有天下,但他奉己甚简,饮食微薄、衣服粗劣、宫室卑陋,对公共事务却不惜倾费。

这些事务,一是致孝乎鬼神,尊天敬祖,文明的依据;二是致美乎黼冕,完善制度,文明的基础;三是尽力乎沟洫,民生福祉,文明的目的。后世以为,华夏文明自夏禹得之。孔子无保留地称誉之,洵然也。

子罕第九

三军可夺帅也，
匹夫不可夺志也。

子罕第九

一 子罕言利章

子罕言利与命与仁。

"罕"是少,不是没有。孔子罕言利,孔子讲命有二条,但讲仁不少。罕言仁,或指不轻许人以仁,或相对于力行,不是整天把仁挂嘴上。"罕"的指义略有别。

少讲利,并非利不好。利,谁不要?难道不要利要害?罕言利,因为趋利避害不用开导。义,即道理,是人建构的,需要人阐释、证明;义能成立,其实也一定符合人的利益。循义,利在其中。

命亦如此。讲不讲,命都在。人应尽人事。

孔子罕言利与命与仁,其实《论语》全是教人谋利、正命、成仁。

二 达巷党人章

达巷党人曰:"大哉孔子!博学而无所成名。"子闻之,谓门弟子曰:"吾何执?执御乎?执射乎?吾执御矣。"

孔子的时代虽然还是一个社会分工远不发达的时代,但好像人们已经喜欢"专家"了。孔子名声很大,人们也真的很敬佩他,所以达巷那里的人称颂他"大哉孔子"。只是孔子非常博学多能,好像是通才,算不上专家,不免令人觉得可惜。

睿智的人,总是豁达而幽默的。孔子自嘲,自己究竟有什么专长?算哪门子专家呢?是做车夫呢,还是做弓箭手呢?毫无疑问,弓箭手算是武士,地位要高一些,车夫则可能做仆役,地位要低一些。孔子自选做车夫。

三 麻冕礼也章

子曰:"麻冕,礼也;今也纯,俭,吾从众。拜下,礼也;今拜乎上,泰也。虽违众,吾从下。"

"纯"是指丝。据传统礼制,冠冕应用麻织,但时人已改用丝织,因为更俭省。孔子虽然倡导周礼,但他认同这样的变化,与大众一样。

同样按照礼制,臣下见君上,应在堂下行拜礼,但这样的礼仪当时已动摇,臣下开始在堂上行拜礼,日显倨傲。孔子宁愿违众,仍然坚持堂下行拜礼。

作为人类文明的象征,所有的礼仪都与时偕行,缘俗而化。孔子倡导周礼,是因为周礼是既往历史文明的高峰。孔子也认同礼仪的变化,但他非常注重礼仪背后的精神传承。

四 子绝四章

子绝四:毋意,毋必,毋固,毋我。

"绝"是很重的字,彻底根绝。

"意",本义应是臆想、臆断。朱子强调私意,虽与"臆"相通,但性质已不同,重在私,与理相对。"毋意",便是只看理当如何,剔除私意。

据此,朱子将"意"、"必"、"固"、"我"连成一体加以说明。人既起于私意,则事先抱着必要如此之念,事后又固执于其事,虽有问题也死不认错,最终成就私我。

成就自我,本亦算不得错。错在一己之私。朱子举《易》的"元"、"亨"、"利"、"贞",对照"意"、"必"、"固"、"我",前者便是好的成就自我,后者则是坏的。区别就是循理与谋私。

五　子畏于匡章

子畏于匡,曰:"文王既没,文不在兹乎?天之将丧斯文也,后死者不得与于斯文也;天之未丧斯文也,匡人其如予何?"

这是孔子最危险的一段经历,颇见性情。

匡邑曾受暴于鲁国权臣阳虎,匡人错认孔子为阳虎,将经过的孔子包围,想加以杀害。

据《韩诗外传》,子路准备搏杀,孔子止住。孔子讲,匡人误以我为阳虎,不是我的错,如此被害,那就是命。孔子让子路与他一起唱歌,数曲而匡人散去。

此章记下另一番话。孔子坚信自己肩负着文王以后的文化传承,自己的命由天决定。曾有学生问朱子：孔子向来谦虚，为何这里显得如此狂傲？朱子笑答：这也是真的被逼急了。

六　大宰问于子贡章

太宰问于子贡曰："夫子圣者与？何其多能也？"子贡曰："固天纵之将圣，又多能也。"子闻之，曰："大宰知我乎！吾少也贱，故多能鄙事。君子多乎哉？不多也。"牢曰："子云：'吾不试，故艺。'"

孔子多能，当时已令人惊讶，子贡向人解释是天才。孔子听后，不以为然，强调自己年少贫贱，因生活所迫，从而学会了许多粗鄙技能。并指出，对于君子而言，并不必以技能多少为意。

学生子牢还记下孔子的另一解释：自己不被取用，所以学了各种技能。

生活也许是最丰富的学校，艰难可能是最有用的老师，而天才又往往是在艰难的生活中成就的。只是人们看到的多半是成功时的样子，却很少留意落魄时的奋斗，而英雄常讳言出身，如是贫贱的话。

七　吾有知乎哉章

子曰："吾有知乎哉？无知也。有鄙夫问于我，空空如也。我叩其两端而竭焉。"

"空空",或指鄙夫,喻其一无所知;或孔子自喻,以写其状。二种似皆可。此章足见孔子的自谦,但更呈现出孔子的待人与教人。

论待人,若高低悬殊,低者易自卑生怯,如高者不放下身段,则必拒人于外。孔子对贫贱没有文化的人,俯身相待,以"空空"之状,亲切商讨。其仁者气象,温润如春。

孔子教人,尤开心智。人的知识与经验总是有限的,但凡事皆有来龙去脉,遇到未知、未经历过的事,若能首尾两端认真探究,则对此事的认知,虽不中,亦不远。

八 凤鸟不至章

子曰:"凤鸟不至,河不出图,吾已矣夫!"

凤因其灵性,被视为祥鸟。据说舜时凤鸟来仪,文王时鸣于岐山;又说伏羲时河中出现龙马负图,一个有趣的数字图案,也象征着吉祥。

孔子的岁月,天下动荡已逾二百年,传统中国正处于从封建到郡县的巨大转型期,传说中的盛世已褪隐于历史,天下重归和平却丝毫不见端倪,自己不能真正见用,苍生不得安宁生养,其内心的悲怆实难言喻。此章或略约见之。

古今中外,德才兼备而生不逢时者多矣。孔子的伟大,在于毕其一生如长河,奔流不息。

九 子见齐衰者章

子见齐衰者、冕衣裳者与瞽者,见之,虽少,必作;过之,必趋。

"虽少必作","少"或是"坐",但其意一样,描述孔子遇见服丧者,或穿礼服者,或盲人,虽年少,或自己坐着,都会站起来,以示敬意。

"过之必趋",如路上与这样的人相遇,一定快步走过,也是表示敬意。

敬是内心的活动与状态,但直接反映于言行。只是人在言行上呈现的动作虽一样,如此章所记的作与趋,但敬由心生,心所感发的内涵却大不同。如见服丧者,其敬起于哀伤;见穿礼服者,其敬起于尊礼;见盲人,其敬起于怜悯。

儒学一要义,在体会己心。

十 颜渊喟然叹章

颜渊喟然叹曰:"仰之弥高,钻之弥坚。瞻之在前,忽焉在后。夫子循循然善诱人,博我以文,约我以礼,欲罢不能。既竭吾才,如有所立卓尔。虽欲从之,末由也已。"

颜回讲自己对孔子的感佩,崇高而深固,亲切却无形。这样的圣人实罕见,世界文明史上也只有轴心时代出现过几位,如佛祖、耶稣。也因此,颜回才欲罢而不能,欲从之又无所措。

圣人难遇,但圣迹却引领千秋。颜回记下的"循循善诱"、"博文约礼",为后世立法,为未来垂范。

教书抑或教化,自有准则。"循循善诱",实基于对人的理解、尊重、关爱。

非博学不足以知人识己,非守约又必失脚步。在全球化与互联网的时代,"博文约礼"尤为社会与个人的指针。

十一 子疾病章

子疾病,子路使门人为臣。病间,曰:"久矣哉,由之行诈也!无臣而为有臣。吾谁欺?欺天乎?且予与其死于臣之手也,无宁死于二三子之手乎!且予纵不得大葬,予死于道路乎?"

好心办错事,甚至好心办坏事,原因虽很多,但究其根本,基本上都是自作聪明,不按规矩。子路使门人为臣,就属于这类常人常犯的错误。

孔子病重,子路安排后事,让弟子们扮演家臣。死后哀荣,本是人之常情。子路这样安排丧礼,想必显得有场面,也是他尊重老师。也许当时礼崩乐坏,对行诈的事司空见惯,不以为过了。孔子病情好转,知道此事,非常气愤,对子路作了"欺天乎"的重责。

儒家没有强烈的宗教取向,但对天的敬畏却仍予保留。

十二　子贡曰有美玉章

子贡曰："有美玉于斯，韫椟而藏诸？求善贾而沽诸？"子曰："沽之哉！沽之哉！我待贾者也。"

子贡不愧良贾，善提问。孔子有道未仕，直接问不妥，故设此问。

通常假设这里谈的是出仕问题，但子贡也许真的是问商务问题。有宝物在手，是持物，还是变现？这的确也是商务中的大问题。

孔子的回答很直截，变现是首选。这个回答，既适用于出仕，也适用于商务。万物固有价值，但价值本身就是因为人的存在而存在的，换言之，价值在很大意义上是以使用价值才得到实现的。

宋儒专在出仕上讲，并强调是待贾，而非求售。待与求，心境自不同。

十三　子欲居九夷章

子欲居九夷。或曰："陋，如之何？"子曰："君子居之，何陋之有！"

《公冶长》的"乘桴浮海"章有相同的背景。孔子悼道不行于中国，不免偶发叹息，起移居之念。

"九夷"即东夷，《后汉书》称夷有九种，主要分布在辽东与朝鲜半岛。孔子"欲居九夷"，想来与商末箕子，即纣王叔父，见殷丧乱，移居朝鲜而化民的史传有关。

当然,孔子更可能只是感叹,并无明确指向,夷更多是指蛮夷不开化的地方,故有人提醒孔子夷蛮之地鄙陋不宜居。但孔子充满自信,鄙陋与否,因人而异。

自然是会因人而化的,社会也终是因人而化的。

十四　吾自卫反鲁章

子曰:"吾自卫反鲁,然后乐正,《雅》、《颂》各得其所。"

孔子删述"六经"是中国文化史上最重要的事情,为中国文化奠定了背后的知识基础。此章记录了孔子整理《诗》的自述。

《史记》进而说明,《诗》原有三千余篇,有许多重复,经过孔子整理,删去重复,保留了可以施于礼义的三百零五篇。

《汉书·礼乐志》也指出,周失序后,兴起怨刺之诗,《雅》与《颂》错乱,孔子周游列国,从卫国返回故乡鲁国后,订正乐章,整理好了《雅》、《颂》。

朱子以为,孔子周游四方是他能够参互考订《诗经》的重要原因。

十五　出则事公卿章

子曰:"出则事公卿,入则事父兄,丧事不敢不勉,不为酒困,何有于我哉?"

出任公职应该事奉公卿长官,回到家里应该事奉父亲兄长,遇到丧事尽心尽力,不因喝酒而误事。这些事情,既有重要一些的,又有次要一些的,其实也难以一一说尽,孔子以此为例,自问并没有完全做好。

孔子的自问,也许完全是自谦,也许部分属实,是针对具体事情而言的,比如喝酒,孔子大概是很爱喝酒的。生活中的这些事情要完全做好,并不是容易的。

儒家重修身,而修身是一件既细碎又持久的事情。只有在日常生活中不断践行,别无他法。

十六 子在川上章

子在川上,曰:"逝者如斯夫!不舍昼夜。"

观大水而兴发,古今中外有很多,独此章所记孔子之叹,言至简而义极丰,后来孟子、荀子、董仲舒都曾模拟孔子而发挥,希望把孔子寄寓在奔流不已的河水中的意象揭示出来。

到宋儒那里,觉得所有的具体意象都不足以真正呈现孔子的精神。程、朱指出,孔子从不息的河流,看到了自然的根本,即生化不已。

人以自然为法则,但自然在根本上又究竟是怎样的,这是巨大的问题。回答这个问题的唯一办法,只有观物,而奔流之河最足以呈现自然的精神。

十七　吾未见好德如好色章

子曰:"吾未见好德如好色者也。"

据《史记·孔子世家》,孔子讲这话具体有所指。卫灵公与美艳夫人南子同车出行,宦官随侍,让孔子坐第二辆车,招摇过市,于是孔子就讲了这话,并颇为厌恶,离开了卫国。

喜好美色,大抵是人的自然天性,而喜好德性,则是人在社会教养中培植起来的追求。人力比不过天性,本来也是极正常的事,孔子当然明白这个道理。只是卫灵公似乎沉湎于美色,并以此炫耀,这让孔子觉得很有问题。

此章以极形象切近的对比将修身与天性的关系提了出来。

十八　譬如为山章

子曰:"譬如为山,未成一篑,止,吾止也。譬如平地,虽覆一篑,进,吾往也。"

孔子这段话是对《书经》"为山九仞,功亏一篑"的引申。凡事都是一步一步做成的,堆土成山,工程再大,也都只能依靠一筐一筐的土。坚持,就是从无到有,一筐一筐地来;不能坚持,哪怕再加一筐就完成了,也是没用的。

这本是常识,但常人却又总是忽视它,尤爱以种种外在的因素来开脱自己的半途而废。孔子的引申,重在"止,吾止"、"进,吾往",自己的意志是关键。

人生百态,各有其命,但从第一筐土,到最后一筐土,各人的命实也是自造的。

十九 语之而不惰章

子曰:"语之而不惰者,其回也与!"

此章当然是孔子对颜回的称赞,表明颜回好学敏行。不过,这样理解只是就事实讲。为什么颜回能如此呢?

人与人讲话,不管说正事,还是闲聊天,始终不懈怠,总须要投机,否则无论靠别的什么,终难持久。颜回与孔子,就是有着这样的投机,而且实际上远不止于此,两人到了心契的境地。

这样的心契,无疑首先是颜回对孔子的服膺,毕竟是孔子影响颜回的生命,而不是相反。但是,孔子弟子三千,唯独盛誉颜回,似也可以体会人生得一知己足矣。

二十 子谓颜渊章

子谓颜渊,曰:"惜乎!吾见其进也,未见其止也。"

这里的"进"与"止",通常和前面的"譬如为山"章的"进"与"止"作同样的理解,即前进与止步。但也有另外一解:止于中。专指颜回死得早,尚未达到应该的境界。因为此章是孔子追忆颜回,有"惜乎"的感叹,故后一种解释似更合乎语境。

颜回虽然没能"止于中",达到应有的境地,但从孔子对他的褒赏来看,后儒都推断颜回的基础与规模已成,如天假其年,其气象将能很好地继承孔子。也许正因为此,即使颜回早逝,后儒仍称他为"亚圣"。

二十一 苗而不秀章

子曰:"苗而不秀者有矣夫!秀而不实者有矣夫!"

上两章讲颜回,故此章通常被认为是针对颜回早夭而引发的感慨,但陈述的却是一普遍的事实。

万物皆有生命周期,一步接着一步,直至完成自己的生命历程,才是圆满。然万事又多无常,看是一株好苗,却未能开花;又有开了花,却又没结果。生命不圆满,戛然而止,实在是很多的。这样的事,很令人伤怀感叹。

不过,生命中的种种无常,既非人力所控,则思虑恐惧也是徒劳无益。重要的还是珍惜自己的生命,同时尽力爱护所有的生命,虽草木亦然。

二十二　后生可畏章

子曰:"后生可畏,焉知来者之不如今也？四十、五十而无闻焉,斯亦不足畏也已。"

据《新序》,齐国的闾丘邛,十八岁就向齐宣王自荐出仕,孔子据此而讲后生可畏。四十、五十而无闻,据《礼记》,四十以前无闻主要是因无艺,五十主要因无善。

年轻人如有进取心,起步虽低,坚持也是难以限量的。长江后浪推前浪,终究是大势。谚云"欺老不欺小",道理就在这里。

只是凡事又都有它的时间节点,努力虽好,但错过了时间节点,终究是勉为其难,即便再努力,成就恐亦有限。比如老来学艺,终究是难;年过半百,要改恶习,也难。

二十三　法语之言章

子曰:"法语之言,能无从乎？改之为贵。巽与之言,能无说乎？绎之为贵。说而不绎,从而不改,吾末如之何也已矣。"

自己有错,被人严肃指出,自然应当接受,尤其批评者是尊长,不接受也不行,但关键在改。遗憾的是,只是接受而不改,又往往是人的习惯。

顺耳的话,人都喜欢听,但如果不想想顺耳的话是否对,只是喜欢听,其实并非好事。

人的行为很容易受情绪影响,更容易受制于习惯,而习惯又往往是顺着情绪而养成。人要完全摆脱情绪的影响,听命于理性,虽然好,但很难,而且即便做到了,人生也不免枯槁。如果能顺其情,进而循乎理,也许是可取的。

二十四 主忠信章

子曰:"主忠信,毋友不如己者,过则勿惮改。"

此章与《学而第一》"君子不重则不威"章的后半部分完全重复。

一本书偶有重复,古今中外恐不能免,但读者对其态度却大有不同。或为之强解,其心可敬,而实不必;或存而不论,似忽视,实宜也。最不应该的是自说自画,删改涂抹。

各个文明传统对于自己的经典,通常都持敬崇之心,具有宗教背景者更为强烈。儒家文明的基调虽是世俗的,但对于经典同怀敬崇,自宋以后,对儒家经典始启质疑。一旦文明轻慢经典,看似无事,其实是自失文化根基。

二十五 三军可夺帅章

子曰:"三军可夺帅也,匹夫不可夺志也。"

三军与匹夫众寡悬殊,但有些事的难易却又不以众寡论。三军虽强,其帅可夺,匹夫虽弱,其志却有不可夺的。人的心志常有着超常的力量。其实不唯人,虽动物,也有它强劲的心志。如谚云:"牵马到河易,强马饮水难。"

除了强调人的心志强韧,"匹夫不可夺志"也还有另一种解读,即心志对于人的重要。三军夺帅,虽溃不成军,尚可各自为战;人志被夺,轻则混,重则迹近行尸走肉了。

只是立志难,守志更难。世上夺人志的很多,比如物欲,比如做官。

二十六　衣敝缊袍章

子曰:"衣敝缊袍,与衣狐貉者立,而不耻者,其由也与?'不忮不求,何用不臧?'"子路终身诵之。子曰:"是道也,何足以臧?"

子路本是把物质看得甚轻的人。他有好东西,便拿出来与人共享;他没有好东西,自己穿着破旧衣服,与穿好衣服的人在一起,也很自在,浑然不觉得怎么。

人平常见别人富贵,若自己能力强,则不免心生嫉妒,也就是"忮";若是能力弱,则心生羡慕、贪求。人若能不忮不求,自足自在,还有什么做不好的?可见子路内心是相当丰富自足的。

不过,自足于自己的世界,物质的,精神的,固然是做人的正道,但如以此自限,则这种自足恰又不足以自足了。

二十七　岁寒章

子曰:"岁寒,然后知松柏之后凋也。"

凡人与物,常常经过一番历练,才能更清楚地认识其性情品质。倘若历经艰难,仍能矢志不移,初心不改,那自然不仅是秉志笃实,而且想必也是一位富有才智的人。

不过,虽然是板荡识诚臣,患难见真心,但却也不是非要让人去蒙难受苦,以为不这样便不足以识人了。否则在和平的岁月、安宁的生活中度过一辈子的人,既难成为后凋的松柏,也很难有真正的朋友了。

此章通常就人与物之品性来解,置于倡言竞争的当下,或能视如孔子论竞争之必要?

二十八　知者不惑章

子曰:"知者不惑,仁者不忧,勇者不惧。"

知、仁、勇是孔子培养人格的核心三要素,知仁或有先后,勇似在最后。仁在知前,重在培养目标,成德的根本在仁;知在仁前,则重在培养过程,进学是立仁的路径。知与仁最终须落实在行动,故必有赖于勇气。

知者能不惑,是因为事无巨细都能看得一清二楚,明白道理。仁者能不忧,是因为仁者爱人,此爱又基于认知,循理而行,明白自己能做什么,做得了什么,只问耕耘,不问收获。只是虽然明理守仁,但如力气不够,仍怕去担当,唯勇者能不惧。

二十九　可与共学章

子曰:"可与共学,未可与适道;可与适道,未可与立;可与立,未可与权。"

人与人有差别,共同上学,但到的终点却往往不同。一起拜师学艺,有的就一直摸不到门道;有的摸到了门道,但又不解其中的道理,终是守不住;有的确实守住了,但却固滞不化,不能因时权变。显然,阶段不同,面临的挑战就不同,体会的东西也不同,彼此沟通也很不容易。

古人多以由"立"至"权"为最难,非圣贤不能。仿佛打球,分别学熟每个标准动作,在实战的每瞬间能变化着融通运用,那就是高手。今人好像视权变比持守要容易很多,故万众创新。

三十　唐棣之华章

"唐棣之华,偏其反而。岂不尔思?室是远而。"子曰:"未之思也,夫何远之有?"

汉儒将此章与上章合为一章,"偏其反而"解为"反经合道",接着上章"未可与权"来理解。宋儒则分作两章讲。

因为与《诗经》的《常棣》不同,又仅四句,故诗的主旨难定。苏东坡将这四句诗解释成"思贤而不得",朱熹觉得根据不足。

前两句诗描述唐棣之花翩翩摇曳,象征美好事物;后两句表达虽思念,但太远了,够不到。孔子不认同诗人的感兴,他强调,若是对美好的东西真心思念,何远之有?

美好的东西心想而必至者,世上只有内心的仁爱。

乡党第十

山梁雌雉,
时哉!时哉!

乡党第十

一　孔子于乡党章

孔子于乡党，恂恂如也，似不能言者。其在宗庙、朝廷，便便言，唯谨尔。

孔子在乡里与在宗庙、朝廷，讲话方式大不同。在乡里，谦恭诚实，不指手划脚，似乎是不善言辞的；在宗庙、朝廷，讲话却清晰明辨，只是不信口放言而已。

乡里有父老，虽饱学之士，或做了官，但终是晚辈，指手划脚是很傲慢的。况且，在民间私人事务上逞能，既令人生厌，也往往无益有害。

宗庙与朝廷是行礼法、言政事的场所，讲话不能不清晰明辨，否则含糊其辞，不仅不尽责，且更坏事。

在不同场合，说与不说，怎么说，不容易。孔子是面镜子。

二　朝与下大夫言章

朝，与下大夫言，侃侃如也；与上大夫言，訚訚如也。君在，踧踖如也，与与如也。

讲话之难，除了场合外，人是最关键的。官场上尤其如此，上级与下级，官大官小，身份意识都是被显性化了的，即便是国君尚未视朝，大家等着时的闲聊,也充满着角色感。孔子也不例外。

孔子与低阶官员聊时,就直来直去,无须顾忌;与高阶官员讨论时,态度上就要和悦含蓄许多,但该明辨时仍诤言,决非无原则地放倒。后者看似容易,其实并不容易。

国君到了,开始视朝,自然要更加严肃起来,既要恭敬打起精神,又要仪态适中,表情不可太僵硬。

三 君召使摈章

君召使摈,色勃如也,足躩如也。揖所与立,左右手,衣前后,襜如也。趋进,翼如也。宾退,必复命曰:"宾不顾矣。"

国君召孔子接待贵宾,他的神情会马上庄重起来,脚步也按礼仪行走。见到与自己一起接待分列两旁者,则左右拱手作揖,前后衣服拉整齐。脚步加快,好像鸟张开双翼。等宾客告退不再回头时,则必回复国君。

整个《乡党》形象逼真地记录了孔子的日常行为,许多场景呈现了历史中的礼仪。礼仪古今不一,但也会见到相似的,比如此章的"宾不顾"。今人送客,客人也常回头示意,故主人应待客人不再回头时才回。当然,观古礼,重在背后的精神。

四 入公门章

入公门,鞠躬如也,如不容。立不中门,行不履阈。过位,色勃如

也,足躩如也,其言似不足者。摄齐升堂,鞠躬如也,屏气似不息者。出,降一等,逞颜色,怡怡如也。没阶,趋进,翼如也。复其位,踧踖如也。

朝堂的大门是高大的,根本不需要低头弯腰,所以鞠躬进入,只是表达敬意。不站在门中间,不踩门槛,经过国君座位时神色凝重、脚步沉稳、说话轻缓,上台阶时提衣、鞠躬、屏气,下台阶时神情放松,到平地加快脚步,落座后仪态端庄,凡此都是传达孔子的同一种精神:敬。

或可将这样的敬意解释成儒家对权的畏服,但更不妨理解成孔子对公权的敬重。无论是公门、中门、门槛,还是座位、台阶,都象征着公权,而公权是值得且应该得到敬重的。

五 执圭章

执圭,鞠躬如也,如不胜。上如揖,下如授。勃如战色,足蹜蹜如有循。享礼,有容色。私觌,愉愉如也。

孔子的时代诸侯之间互相派人访问,礼数上都有许多讲究,正如今日国与国互访一样。此章描述了孔子代表国君访问邻国时的三个环节:聘、享、私见。也有学者指出孔子出仕期间没有访问的记录,此章只是讲礼应如此。

聘是访问的重头戏,手执的玉圭代表的是国家,虽轻若重,举的高低也非常有章法,神情庄严,脚步小心。到献礼物时,就轻松许多,和颜悦色了。等到公事完毕,私人之间拜访,自然彻底放松了。

文明呈现于礼仪,只是公与私大不相同。

六 君子不以绀緅饰章

君子不以绀緅饰,红紫不以为亵服。当暑,袗絺绤,必表而出之。缁衣,羔裘;素衣,麑裘;黄衣,狐裘。亵裘长,短右袂。必有寝衣,长一身有半。狐貉之厚以居。去丧,无所不佩。非帷裳,必杀之。羔裘玄冠不以吊。吉月,必朝服而朝。

因为《乡党》篇通常被认为是记载孔子的日常生活,故开头的"君子"应是指孔子。但也有学者以为,此章所记的只是当时的衣服之制。

应该穿什么样的衣裳,从款式、颜色,到材料、做工,都有这样那样的标准。睡觉的被子长度,平常佩戴的饰物,吉月必穿朝服上朝,也都有讲究。

毫无疑问,具体的服饰标准古今已大不同,但有讲究则古今一样。衣裳是文明的表征,文明的样式虽变迁,但文明去野蛮化的性质决定了人类必有服饰,有服饰则必讲究。

七 齐必有明衣布章

齐,必有明衣,布。齐必变食,居必迁坐。

与神交流是古人生活中重要的事。神不可见,设斋戒而降临之。须沐浴洁身,换上"明衣",即洁净的布衫。吃也必须有所改变,大致是不吃荤菜,不喝酒。住也要暂时移到别的地方,不住在平常的寝室,也就是应该独处吧。

斋戒时的生活作这样的改变,形式上是充满仪式性质的,根本上却是要表达精神上的诚敬专注。精神上的东西是无形的,难以把捉,也难以表征,仪式化的形式成为重要的载体。但是,一种特定的仪式恰恰又能够使人的精神产生变化。

八 食不厌精章

食不厌精,脍不厌细。食饐而餲,鱼馁而肉败,不食。色恶,不食。臭恶,不食。失饪,不食。不时,不食。割不正,不食。不得其酱,不食。肉虽多,不使胜食气。唯酒无量,不及乱。沽酒市脯,不食。不撤姜食,不多食。祭于公,不宿肉。祭肉不出三日。出三日,不食之矣。食不语,寝不言。虽疏食菜羹,瓜祭,必齐如也。

孔子希望烹饪做得精细些。对食品卫生有明确要求,有问题的食品一概不吃,市面上买来的恐不干净而不吃,制作不对路的也拒绝吃。自己的食欲则是相当节制的,主食为主,不贪吃。酒虽然放开喝,但不喝醉,更不乱性。用调味品,但既要对路,又不过量。分得的祭肉要及时处理,放久变质了就不吃了。吃饭、睡觉要专心、静心,不要与人交谈,也不要自言自语。即便粗茶淡饭,饭前也祷告一下。

吃是续命养生的大事,人人少不了,但病从口入,吃须得法。

九　席不正章

席不正,不坐。

朝廷上讲究座席,江湖上也讲究。座席代表着身份,象征着秩序;座席不正,意味着失序。人类的生活应在秩序下展开,故座席不正,便不应该坐。

人对秩序似乎又有着天生的反感,因为秩序总是代表着束缚,尤其当它呈现着秩序索链强势一端的意志时,秩序更是压迫。只有秩序索链的每一环都具有均衡的权重,秩序才真正能赢得敬服。

遵守不完美的秩序,并于遵守中致力于完美秩序的建构,这很艰难,有时几乎看不到希望,但这又是最可贵的。

十　乡人饮酒章

乡人饮酒,杖者出,斯出矣。乡人傩,朝服而立于阼阶。

传统乡村的聚餐,以及其他游乐活动,都是氛围轻松而又礼序井然的场合。身处其中的人,受其熏染,一代人影响一代人,传统由此而成。但礼俗终究不是刚性的,人又会不经意地漠视它,长者为了不破坏氛围,也往往不加斥喝,久之而礼坏。守规矩是一件不容易的事。

孔子总是很自然地践行礼,呈现礼的精神。比如乡人饮酒,待长者离席,他才离,不先不后,以示尊老。观看请神驱邪的傩舞,虽已近于演戏,但仍穿正装立于东面的台阶,以表诚敬。

十一 问人于他邦章

问人于他邦,再拜而送之。康子馈药,拜而受之,曰:"丘未达,不敢尝。"

托人问好或办事,总是一桩很欠人情的事,自然要特加表示感谢,"再拜而送"就是深表谢忱之意。今天人们也往往如此,故孔子所为,实也是寻常的事。只是从来不轻忽,总能如此,便难了。

自己生病,别人出于善意,送药给自己,尤其是身份或辈分比自己高的,有时则觉得为难。不收,当然不好;收了不吃,恐又失诚意;当然,吃,更欠妥!谁知此药可吃否?孔子是"拜而受之",以示感谢;又明白告知,不知此药能否吃,故不敢吃,以示真诚。

十二 厩焚章

厩焚。子退朝,曰:"伤人乎?"不问马。

马厩失火焚毁,自然可能伤及马匹,但孔子退朝回来,首先了解是否伤了人,而不是马。

马在今日,仍是相当不便宜的,更何况马也是生命。孔子不问马,并非马不值钱,或者对马的生命缺乏关爱,而是相比于人,人是最宝贵的、最需要关心的。

儒家以仁为本,而仁者以万物为一体。一体之万物对于人,却有远近的差别。人对万物抱持仁爱之心,而具体的情感与行为又应该根据境遇,爱人及物,治近及远。仁者的入手是现实的,而其追求又是无限的。

十三 君赐食章

君赐食,必正席先尝之。君赐腥,必熟而荐之。君赐生,必畜之。侍食于君,君祭,先饭。疾,君视之,东首,加朝服,拖绅。君命召,不俟驾行矣。

现代崇尚平等,尊君往往视同拥护集权,心生反感。平心而论,国君既是国家所必须,实则象征着公权。尊君未必是尊具体的人,更非拥戴集权,而是尊崇公权。

此章虽记录孔子事君之礼,但反过来看,无论是君赐食、赐腥、赐生,还是君祭、君视疾,国君亦循礼而行。

礼是仪式,背后或有情感上的表达,比如国君赐食,臣子礼貌地尝一点;或有知识上的支撑,比如国君探望,病中的臣子头朝东睡,因为东方来生气。背后观念变了,礼仪也相应变化。

十四　入太庙章

入太庙,每事问。

此章与《八佾》"子入太庙"章重出,取了"入太庙每事问"这一行为,略去了旁人对此的议论与孔子的回应。这一重出表明《论语》中的许多记载有特定故事。由特定言行到普遍陈述,不仅给后人想象的空间,而且对思想的产生也折射出独特意涵。

此章的重出部分显然又出于《乡党》篇汇集孔子日常行为的考虑,这又表明《论语》的分篇虽非严格,但亦有考量。前贤以为《乡党》篇专记行为,与前九篇记言合成完璧,后十篇是续编,确也合乎情理。

十五　朋友死章

朋友死,无所归,曰:"于我殡。"朋友之馈,虽车马,非祭肉,不拜。

朋友是传统五伦之一。"朋"指同门,既是同门,不免习近而类同。"朋"与"党"同义。"友"指同志,既是同志,自然同甘苦、共患难。"友"有通财之义。如此,朋友死,没有亲属办后事,自己就应尽朋友情义来操办。也因为朋友有通财之义,所以哪怕送贵重之礼如车马,也不必怎么拜谢;而祭肉虽轻,但象征朋友的长辈,则必须拜谢。

后世人际交往繁复,泛泛之交多,志同道合少,不仅难行旧传统,即便——周旋也不可能,只能根据自己交情的深浅厚薄,量力而行。

十六 寝不尸章

寝不尸,居不客。见齐衰者,虽狎,必变。见冕者与瞽者,虽亵,必以貌。凶服者式之。式负版者。有盛馔,必变色而作。迅雷风烈必变。升车,必正立,执绥。车中,不内顾,不疾言,不亲指。

在家闲居,自然舒坦放松,不必仪容整肃,但也不可放肆,比如挺尸而卧。放肆,不免横祸。

路见服丧,或穿正装,或瞎子,虽熟人,也以礼相待。坐车遇到服丧或送公文的,也有所表示。

逢盛宴,应正色起身致意。遇到狂风、迅雷、暴雨,要严肃相待。上车要站正,拉住绳索,车上不要东张西望、高声喧哗、指手划脚。

既是生活礼节,如路遇盲人;也是日常安全,如上车;也有精神指义,如遇"负版者";也有诸义兼而有之,如遇"迅雷风烈"。

道,在日用之中。

十七 色斯举矣章

色斯举矣,翔而后集。曰:"山梁雌雉,时哉!时哉!"子路共之,三嗅而作。

鸟见人而飞散,回翔察视又汇集。这是动物的本能,动静与散合都是恰到好处。孔子观此而兴叹。子路似不爽地朝鸟拱拱手,众鸟鸣叫着飞去。

整个过程就像一组影像,在连绵的山冈上,很有意境。但文字的描述太过简略,留下了空白,比如孔子兴叹后,子路为何要轰走鸟？朱子以为此章必有阙文,不必强解。

如果前十篇原是《论语》初编的足本,而此章又置于记录孔子晚年乡居生活的《乡党》最后,难道是要表达孔子对生命存于时中的终极体会吗？

先进第十一

先进于礼乐,野人也;后进于礼乐,君子也。如用之,则吾从先进。

先进第十一

一 先进于礼乐章

子曰:"先进于礼乐,野人也;后进于礼乐,君子也。如用之,则吾从先进。"

人类各种文明的最初产生,大抵皆源自生活需要,物质的与精神的。因此文明的样式也总是因地制宜,满足人的需要即可,而人对于文明的态度反而更重要,理应抱以诚敬。

当文明的某一样式趋于成熟,人们习惯以后,人对于它的诚敬便容易消歇。为免于彻底懈怠,人们往往会对文明的样式本身谋求精致,以补诚敬精神的不足,甚至于不免矫情。

两相对比,在文明面前,前人质朴如粗鄙乡人,今人雅致似谦恭君子。值得玩味的是,孔子说,他愿如前人。

二 从我于陈蔡章

子曰:"从我于陈、蔡者,皆不及门也。德行:颜渊、闵子骞、冉伯牛、仲弓。言语:宰我、子贡。政事:冉有、季路。文学:子游、子夏。"

孔门十哲出于此章。前人指出,这应该是孔子思念那些早年随他周游列国,在陈国、蔡国受困蒙难,而今已不在身边的弟子们时的随评,未必是讲所有人,也未必作严格的分类。

不过,孔子因材施教,且大致有德行、言语、政事、文学这四科的分类,也应是无疑义的。

四科之中,言语、政事、文学属专门之学,德行不完全是专门的学问,而是兼内外、贯本末、得之于心而见之于行的全面发展的学习。但如以为德行可以兼摄专门之学,似又不可。

三　回也非助我者也章

子曰:"回也非助我者也,于吾言无所不说。"

孔子曾誉子夏对《诗》的理解启发自己,而此章讲颜回对自己一无所助,只是接受。朱子讲,这话似有憾,其实是很喜欢。为什么呢?朱子回忆老师李侗的话:颜回对孔子是根本上的默契,而子夏的启发只是枝叶。根本上的默契,很难得。

当然,若得弟子如子夏,彼此启发,教学相长,无疑也是一桩乐事。

也许孔子讲这话,未必对应着其他弟子。或者,其他弟子对孔子的事业有钱出钱,无钱出力,唯颜回家贫体弱且早死,无所助益,孔子专点出颜回的好。

四　孝哉闵子骞章

子曰:"孝哉闵子骞!人不间于其父母昆弟之言。"

中国社会以家庭为基本单位,但家庭既是幸福的依托,也可能是痛苦的场所,关键仍是在人。闵子骞就是一个榜样。

子骞同胞二人,母亲去世,父亲续弦,又有二弟。某日子骞为父御车,父亲发觉子骞衣单手冷。回家再握其异母弟手,衣厚手温。其父很生气,对后妻讲,娶她的目的本是为了两个失去母亲的儿子,结果适得其反,因此想休妻。子骞劝父亲:若继母在,只是他受冷,若继母被休,则四兄弟同受冷。

其事虽有是非,然家庭又岂能徒论是非?

五 南容三复白圭章

南容三复白圭,孔子以其兄之子妻之。

在《公冶长》首章中,孔子称誉南容"邦有道,不废;邦无道,免于刑戮",故将侄女许配给他。此章的主题相同,但讲了另一个原因,南容经常吟诵《诗》中关于白圭的诗句。

《诗·大雅·抑》:"白圭之玷,尚可磨也;斯言之玷,不可为也。"南容反复以此诗句自警,表明他对自己的讲话非常谨慎;讲话都如此谨慎,行为自然更不在话下。这为《公冶长》孔子对南容的称誉作了注脚。

谨言慎行并不是不讲话不做事,而是要恰当,只是这恰当很难。

六 季康子问弟子孰为好学章

季康子问:"弟子孰为好学?"孔子对曰:"有颜回者好学,不幸短命死矣,今也则亡。"

在《雍也》中,哀公也问过同样的问题,孔子的回答与此章相比,似乎更详细些,多了"不迁怒,不贰过"的说明,解释了颜回好学的表现。

这种详略的不同,也许是当时问答的实录,孔子的回答可能并无特别的原因。但后世也有儒者认为,这是因为问答者的身份所致。哀公是国君,君有问,臣回答,不可不详尽;而与季康子的问答,则应该有问才有答,问多少答多少。

在经典的诠释史上,过度诠释很难避免,尤其是新思想往往潜藏在不同的诠释中。

七 颜路请子之车章

颜渊死,颜路请子之车以为之椁。子曰:"才不才,亦各言其子也。鲤也死,有棺而无椁,吾不徒行以为之椁。以吾从大夫之后,不可徒行也。"

棺材外面再套一个大棺材,叫"椁"。儒家重视丧葬,最好是有棺有椁。

颜渊死,其父颜路无钱置办椁,请求孔子卖车来置办。孔子没同意,原因是孔子做过大夫,依礼不可以徒步行走。

富有人情的是,孔子告知颜路,设身处地想,如果换作自己的儿子孔鲤去世,无力置办椁,他也不会卖了车来买椁。

曾有弟子问朱子:如果有钱,孔子会不会给? 朱子讲:有钱必须给。可见,儒家重视礼,既量力而行,又视礼的轻重缓急,死者虽为大,但不以死者压生者。

八 天丧予章

颜渊死。子曰:"噫! 天丧予! 天丧予!"

鲁哀公十四年,人们打猎捕获到被视为仁兽的麒麟。那年孔子已过七十,他睹物而联想到早逝的颜渊,于是发出这样悲怆的感叹。

人无法选择自己的时代,也很难摆脱自己的境遇,人的努力往往限止于现实的时空,因此便不免有许多的无奈。孔子一生虽致力于人心世道的改造,却至老仍不见礼崩乐坏的转变,加之自己最喜欢的学生早逝,当目睹特定的相关事物时,自然会催生巨大的伤悼之情。

"天丧予!"孔子的情怀亦如常人,他也认天命,也伤时感事。

九 子哭之恸章

颜渊死,子哭之恸。从者曰:"子恸矣!"曰:"有恸乎? 非夫人之为

恸而谁为!"

人是理性的存在,应该尽可能理性地面对生活;只是理性的作用又必须通过人的情感而发挥,人又是情感的存在。情感的状态对理性的运用具有举足轻重的影响,如何处理好情感的发用是儒家的核心问题。

颜回死时年仅二十九,虽常人亦伤悲,何况是最钟爱的弟子,故孔子哭得非常悲伤。而随从的人大概是劝孔子节哀,孔子作此回应。

孔子以为他的悲恸是应该的,而且是恰当的。体味他的话,可知孔子决不主张绝情,而是强调情感的发用要恰到好处。

十 门人厚葬章

颜渊死,门人欲厚葬之。子曰:"不可。"门人厚葬之。子曰:"回也视予犹父也,予不得视犹子也。非我也,夫二三子也。"

儒家讲"慎终追远",人误以为厚葬。其实,"慎终追远"更偏重精神的要求,不在葬之厚薄。也许精神难看到,物化易把捉,故人以厚葬表达精神,"慎终追远"之意反而淡薄了。

物质与精神也决不是此消彼长、相互冲抵的,精神总也需要形式来呈现,只是精神终究为本,形式可视家境而定。《礼记》中明确记孔子讲,要以家之有无为准。家境好,葬具也要合适;家境差,虽敛尸而葬,也可理解。

颜回家贫,但其门下弟子厚葬之,虽孔子亦无奈,可见风习强于人。

十一　季路问事鬼神章

季路问事鬼神。子曰:"未能事人,焉能事鬼?"曰:"敢问死。"曰:"未知生,焉知死?"

事人与事鬼属于行,知生与知死关乎知。体味孔子的回答,人鬼、生死似乎有区别,对象不同,状态不一。但又好像有关系,鬼是人的另一种存在,死是生的另一种状态。

因为有区别,对人与鬼的事情,对生与死的认识,都要分别对待,都有先后次序。因为有关系,如果能把人对待好了,也能把鬼对待好,活着的时候认识了生,死时也自然能认识死。

事人之道,无外于诚敬。诚敬见之于行,但根本在心。事鬼亦然。从身强到气衰,死该是生的归宿吧。

十二　闵子侍侧章

闵子侍侧,訚訚如也;子路,行行如也;冉有、子贡,侃侃如也。子乐。"若由也,不得其死然。"

"子乐",又作"子曰"。作"子乐",是指孔子喜欢学生,乐得英才而育之;作"子曰",是因着上面弟子们的不同而接着评论。二者似都通。

"訚訚"、"行行"、"侃侃",都是形容刚正坦诚,只是呈现的方式有别。"訚訚",比较内敛;"行行"、"侃侃",比较外露,而"行行"尤其粗一些。这些差别多半与一个人的先天气质相关。儒家比较重视后天的教养对先天气质的变化作用,也认为人的气质是可以变化的。

在一个乱世中,刚直坦诚而又外露并很粗,如子路,便容易惹祸,甚至遇害。

十三 鲁人为长府章

鲁人为长府。闵子骞曰:"仍旧贯,如之何?何必改作?"子曰:"夫人不言,言必有中。"

闵子骞是内敛的人,想必不轻易说话,而一旦开口,必定是合乎道理的。当然,也不是所有人都能如此。有些人不轻易说话,但其实也是真的说不出什么。

此章表面的意思只是孔子在表扬闵子骞。汉儒由具体的闵子骞讥刺鲁人改造府库,强调孔子师徒对传统的尊重,反对多变。重守常、惧变易,其实也是人之常情。

后来学者指出汉儒的这一解释忽略了语境,偏离了主旨。春秋时代为政者不恤民众,大兴土木即是其一。闵子骞与孔子针对的是这个问题。

十四 由之瑟章

子曰:"由之瑟,奚为于丘之门?"门人不敬子路。子曰:"由也升堂

矣,未入于室也。"

子路刚勇,鼓瑟有北鄙杀伐之声。孔子论音乐,以中和为美,流入于南,不归于北,因为南是生育之乡,北为杀伐之域,温和中节之音能培植生育之气。和平是孔子寄予人类的巨大期盼!

不过,子路虽未至中和之境,但其刚勇却基于正,假以时日,亦足以变化气质,渐入化境。倘若因他未能入室而不见已升登,如那些因孔子之语而不敬子路的门人,则不仅无视入手筑基的重要,而且实未能体会修身是一过程。反之,如以升登为入室,那又是一大问题。

十五　子贡问师与商也章

子贡问:"师与商也孰贤?"子曰:"师也过,商也不及。"曰:"然则师愈与?"子曰:"过犹不及。"

过与不及,多与人的才性相关,高迈者多过,拘谨者易不及。执中是一己之修身,但也是自然的法度。

好大喜过之心,想来也是古今相似,故子贡才会认为子张的"过"要比子夏的"不及"好些。但孔子明示,过犹不及。万物自有其性,唯有适度,才是好的。

只是今日似乎早已把中庸之道当作苟且混世而不屑了。专科要升本科,学院更名大学,博士本是到顶了,偏要将合作研究的博士后弄得似一更高的学历。一路竞奔高大上,教育如此,其他也一样。

十六　季氏富于周公章

季氏富于周公，而求也为之聚敛而附益之。子曰："非吾徒也。小子鸣鼓而攻之，可也。"

季氏到底多么富，并非关键。关键是他尽管已相当富了，至少已超过周公了，但还要以非常手段上下盘剥聚敛。冉求既是季氏家臣，为主人谋事也是本分，但做事自有分寸，有须遵守的道义。冉求显然没能执守住道义，而且还尽其心智，为虎作伥。孔子与之相绝，实也是冉求破了道义的底线了。

人在仕途中，常常要面临道义与上司相冲突的挑战。能否守住道义，不仅要有智慧，更要刚毅。人一旦有私欲，就难刚毅；而道义守不住，其智慧反成其恶事。

十七　柴也愚章

柴也愚，参也鲁，师也辟，由也喭。

每个人秉性不同，资质性情各异。如果求全责备，则无人堪用；若能不拘一格，则天无弃才。只是人多喜求全责备，故虽人才济济，仍不免叹无人可用。

天无弃才，又决不是凭空等来，而是需要精心培养的。人的培养全赖因材施教,如施予统一标准,大抵又是毁人过半。

孔子的门下,学生显然是参差不一。如本章所评点的,高柴的愚笨,曾参的鲁钝,颛孙师的偏颇,仲由的粗俗,可谓缺点凸显,近乎难以培养。孔子能够使他们成材,其高明可想而知。

十八　回也其庶乎章

子曰:"回也其庶乎,屡空。赐不受命,而货殖焉,亿则屡中。"

人皆有命有运。命是先天的,运是后天的,与具体的事、时、势都相关。有命无运,其命自然是空;无命有运,庶几好些,但也必须人能把握住,若非其人,也是落空。

孔子说颜回"其庶乎",也就是"差不多吧",但差不多的又究竟是什么呢?孔子这里没点出,别处说了,大致是差不多近乎道。但颜回也许是时运不佳,也许是无心于财富,故常常贫困。

端木赐,也就是子贡,其命不受禄,但他去经商,每每经营投资准,又足以富可与国君分庭抗礼。

十九　子张问善人之道章

子张问善人之道。子曰:"不践迹,亦不入于室。"

世上确有这样的人,不必吸取前人的办法,做事情却都能做好,最差也不至于让自己做坏事。这样的人,也就是子张所问的"善人"。平实而论,能如此,已是相当难得的了。但孔子指出"善人"的一个问题,即"不入于室",不能优入圣域。凡事能做好,在很大程度上是由于所做的恰与道理是暗合的,但却未必真正明白道理。

人真能如此,似乎也可满足,但其实人并不可能总能如此。世事变化,美质有限,学问无穷。如果不学习,终究是难以把事情做好的。

二十 论笃是与章

子曰:"论笃是与,君子者乎?色庄者乎?"

人讲话总应该笃实诚信,但如果仅是讲话如此,而不是真能做到,则是不足取的。人对自身如此要求,看人也应是如此。有的人笃实诚信表里如一,那就是君子;如果言行不一致,但就只是表演而已了。

现代社会人的角色日多,社会像个大舞台。人在社会中就仿佛在戏台上,许多场合的讲话与表现越来越像是表演,明知不是那么回事,却必须照着念,照着演。起初或有嫌心,久之往往也习惯了,最终渐渐失去了内在的笃实诚信而不自觉,这真要警惕。

二十一 子路问闻斯行诸章

子路问:"闻斯行诸?"子曰:"有父兄在,如之何其闻斯行之?"冉有

问:"闻斯行诸?"子曰:"闻斯行之。"公西华曰:"由也问'闻斯行诸',子曰'有父兄在';求也问'闻斯行诸',子曰'闻斯行之'。赤也惑,敢问。"子曰:"求也退,故进之;由也兼人,故退之。"

人的性格各不相同,性格的差异又往往影响到人的观念与行为。性格本身无所谓好坏,总是各具特色。人的成长过程应该基于人的性格作调适,取长补短。只是人往往难有自知之明,而师友的点拨就变得非常重要。

子路是一个性急刚勇、好争胜的人,听到什么就要做,而孔子要求他跟着父兄,不要自己急着来;冉求的个性正相反,遇事容易退却,故孔子鼓励他听到了就去做。这正是因病下药,若非明师,实难指出。

当然,最终仍要靠自我的省察与践行。

二十二 子畏于匡章

子畏于匡,颜渊后。子曰:"吾以女为死矣。"曰:"子在,回何敢死?"

古人以为身体受之于父母,父母在,不以自己的生命许诺于人。孔子在周游列国时曾遇险于匡邑,后得脱困,以为颜回受难,等到后来与颜回相见,故有此问,而颜回的回答则表明他是把孔子当作父母对待。事师如父,这是古人在处理师生关系时,学生自谦以敬师的表示。当然,师者往往亦以兄弟相待。

此章也足见儒家对生命的对待。生死是人生根本性的大事,儒家重生,但不畏死。重生,因为生命虽以一己之私而存在,但却承载着远超溢出自己的意义。

二十三　季子然问仲由冉求章

季子然问:"仲由、冉求可谓大臣与?"子曰:"吾以子为异之问,曾由与求之问。所谓大臣者,以道事君,不可则止。今由与求也,可谓具臣矣。"曰:"然则从之者与?"子曰:"弑父与君,亦不从也。"

大臣与具臣,近似于政务官与事务官。政务官有政治理念,事务官只执行指令。因有理念,故做不做官,取决于理念的认同与否。同则共事,异则辞官。

季子然是季氏子弟,仲由与冉求出任季氏家臣,故有是问。孔子厌恶季氏专权僭窃,故贬抑:以为你有什么非常之问,原来是问仲由与冉求啊。

孔子固然视仲由与冉求是事务官,但他告知季子然,他俩执行事务仍有底线,弑父与君决不会做。这是对学生的信任,也是对学生的警示,更是对季氏的警告。

二十四　子路使子羔为费宰章

子路使子羔为费宰。子曰:"贼夫人之子。"子路曰:"有民人焉,有社稷焉，何必读书，然后为学？"子曰："是故恶夫佞者。"

学而后入政，不以政为学。这一理念的背后依据，孔子以前的政治家子产曾以屠宰须先学会用刀、田猎须先学会射御，加以阐明。儒家更是主张治人先须修己。子路让尚未学习的子羔出任费邑长官，实是误人子弟。

入政者既要爱民，又要敬神，其中自然有学问在，故子路质疑："何必读书，然后为学？"似乎也有理。但子路实以政务中存在着学问，混淆了作为从政前提的学习，以政代学，背后潜藏着的恰是拍脑袋政治的正当性。巧言令人厌，于此可见。

二十五　子路曾皙冉有公西华侍坐章

子路、曾皙、冉有、公西华侍坐。子曰："以吾一日长乎尔，毋吾以也。居则曰：'不吾知也！'如或知尔，则何以哉？"子路率尔而对曰："千乘之国，摄乎大国之间，加之以师旅，因之以饥馑，由也为之，比及三年，可使有勇，且知方也。"夫子哂之。"求！尔何如？"对曰："方六七十，如五六十，求也为之，比及三年，可使足民。如其礼乐，以俟君子。""赤！尔何如？"对曰："非曰能之，愿学焉。宗庙之事，如会同，端章甫，愿为小相焉。""点！尔何如？"鼓瑟希，铿尔，舍瑟而作，对曰："异乎三子者之撰。"子曰："何伤乎？亦各言其志也。"曰："莫春者，春服既成，冠者五六人，童子六七人，浴乎沂，风乎舞雩，咏而归。"夫子喟然叹曰："吾与点也!"三子者出,曾晳后。曾晳曰:"夫三子者之言何如?"子曰:"亦各言其志也已矣。"曰:"夫子何哂由也?"曰:"为国以礼,其言不让,是故哂之。""唯求则非邦也与?""安见方六七十如五六十而非邦也者?""唯赤则非邦也与?""宗庙会同,非诸侯而何?赤也为之小,孰能为之大?"

按年龄,曾点应接着子路,因正鼓瑟,故孔子让最后说。实景与文义浑然相合。

三子之志在功名事业,而曾点只要与好友于良辰美景行乐,于俗务雅不屑,故孟子谓之"狂"。狂也是气象广大,朱子称胸次悠然,与万物同流,故孔子认同。

孔子并不否定三子之志,哂笑子路,只因他不谦逊。三子之志,一使"有勇"求生存,二使"足民"求发展,三使"愿学"求文明。唯经此三,才有曾点的人间祥和、天人合一。不废三子,而以曾点为归,正见孔子情怀的著实与高远。

颜渊第十二

克己复礼为仁。一日克己复礼,天下归仁焉。为仁由己,而由人乎哉?

颜渊第十二

一 颜渊问仁章

颜渊问仁。子曰:"克己复礼为仁。一日克己复礼,天下归仁焉。为仁由己,而由人乎哉?"颜渊曰:"请问其目。"子曰:"非礼勿视,非礼勿听,非礼勿言,非礼勿动。"颜渊曰:"回虽不敏,请事斯语矣。"

此下三章谈仁,各具深义,有针对,尤以此章为最要。

前一答三义迭进:首明实现仁的路径在胜私欲、循事理,次言唯因循理故能感召人心,复讲仁心的唤醒与培植全在自己。

后一答进而指出力行要目。所谓"言"、"听"、"视"、"动",既是四个方面,也指向人的全部生活。形式上合乎礼,背后的理据在于礼是理的呈现。

孔子思想以仁为标志,宗旨在唤醒生命自觉,使之充溢,天下文明。升发仁心,本是儒学活泼泼的生机命脉,而孔子约之以礼,其中张力彰显出儒学的刚健。

二 仲弓问仁章

仲弓问仁。子曰:"出门如见大宾,使民如承大祭。己所不欲,勿施于人。在邦无怨,在家无怨。"仲弓曰:"雍虽不敏,请事斯语矣。"

前章言仁重在刚毅进取,此章偏向宽厚内敛。于仁而言,二者其实相辅而成,但仁既赖于人的力行,则刚毅进取终是主,宽厚内敛自为辅。只是后者来得稳,厚积到相当程度,同样能优入仁者境域;而前者如失了后者,尤失了礼、理的约束,进取也不免于自伤伤人。故朱子讲,前者孔子只对颜回说,因为只有颜回能够稳健地刚毅进取。

孔子教仲弓宽厚内敛,在敬,在恕,在无怨。敬则内敛,恕则宽厚。敬、恕相持,自然正己不求人,于家于外皆无怨。

三　司马牛问仁章

司马牛问仁。子曰:"仁者,其言也讱。"曰:"其言也讱,斯谓之仁已乎?"子曰:"为之难,言之得无讱乎?"

在前两章中,孔子让颜回克己复礼,让仲弓持敬行恕,两者虽有进路上的刚健与稳妥之别,但其实也是一体之两面。要克己复礼,自然须做到持敬行恕;能持敬行恕,也终能克己复礼。孔子的回答实是因人而异。

此章的弟子司马牛,工夫比颜回与仲弓更不够,《史记·仲尼弟子传》中说他"多言而躁"。因而孔子对他讲仁就不作泛说,而是针对他的毛病,让他从讲话谨慎做起。

孔子的指点看似极平常,但细体会,无不围绕着人的主体性的建立而展开。

四　司马牛问君子章

司马牛问君子。子曰:"君子不忧不惧。"曰:"不忧不惧,斯谓之君子已乎?"子曰:"内省不疚,夫何忧何惧?"

《子罕》曾记录孔子讲"知者不惑,仁者不忧,勇者不惧","知"、"仁"、"勇"是孔子培养人格的三要素,"不惑"、"不忧"、"不惧"是品格的外显特征。此章只讲"不忧"、"不惧",当然不是孔子忽略了"不惑",而显然是针对着司马牛讲的,因为司马牛整天忧心忡忡。

此章的重心不在"不忧"、"不惧",而在"内省不疚"。如果仅讲"不惑"、"不忧"、"不惧"这些外显特征,那么终日无所思虑,无所事事,也能有此症状。故孔子进而点出"内省不疚",实是关键。"内省不疚",自然不等于"仁"与"勇",但却是切要的入手。

五　司马牛忧曰章

司马牛忧曰:"人皆有兄弟,我独亡。"子夏曰:"商闻之矣:死生有命,富贵在天。君子敬而无失,与人恭而有礼。四海之内,皆兄弟也——君子何患乎无兄弟也?"

司马牛并非没有兄弟,只是他的兄长桓魋是宋国的权臣,忙于争斗,险象环生,故司马牛常怀忧惧之心。没有兄弟,实是无贤兄弟。

子夏讲的"四海之内皆兄弟",那是宽慰司马牛,并非就事实或义理讲,亲疏差等是儒家认同的基本事实。子夏的重心是在持敬与恭礼,自勉为本。

人生虽由自己造就,但这自造又有它的边界,许多事由不得自己。比如司马牛有不贤兄长。生死与富贵,也大抵如此。儒家重人事,又豁达。这既是识见的问题,更是践行的问题。

六 子张问明章

子张问明。子曰:"浸润之谮,肤受之愬,不行焉,可谓明也已矣。浸润之谮,肤受之愬,不行焉,可谓远也已矣。"

人的认知总是与自己的感受有着极大的关联性,即便是非常理智的人也很容易受到自己感受的主观影响,从而失其客观的认知。

比如,听人讲别人的坏话,因为事不关己,往往就不会在意,久之失其明鉴;如果听人诬陷自己,虽细小必会起反应。因此,听人谗言,虽如细雨点滴而能洞察;听人诬陷,虽有切肤之痛而不动心,这才真正称得上明睿。

人如能认知客观、明睿,就能由近知远,有远见。反之,唯能知远,眼前才不会蒙蔽。明与远是连着的。

七 子贡问政章

子贡问政。子曰:"足食,足兵,民信之矣。"子贡曰:"必不得已而

去,于斯三者何先?"曰:"去兵。"子贡曰:"必不得已而去,于斯二者何先?"曰:"去食。自古皆有死,民无信不立。"

良好的政治原是三者必须,因子贡的追问,孔子进而分出轻重。

民以食为天,政治的首义在民生。其次,治国虽以文明为本,但武备必不可少。只是兵涉生死大事,好之凶,忘之危;既不可玩,又不可废。

本来,民生与安全做好了,人民自然信服。但是,信服与否又是内生于人心,并非全依赖于外物。故民信之实又属于一个国家,乃至一个社群最重要的基础。如果失缺信任,不必说政治无从谈起,甚至社群也无法形成,人只能各奔东西、自讨生路去了。

八　棘子成曰章

棘子成曰:"君子质而已矣,何以文为?"子贡曰:"惜乎!夫子之说,君子也。驷不及舌。文犹质也,质犹文也。虎豹之鞟犹犬羊之鞟。"

质与文总是相宜为美,不可或缺,但真的计较起来,又终是质胜于文。棘子成或是有感于文饰太多,矫情过重,故单强调质便够了,这就偏颇了。

子贡批评棘子成说话随便,话既说出,驷马难追。只是子贡为了说明文也重要,又将文与质等而视之,这便混淆了轻重。毕竟文与质是有区别的,质是本,文是末。子贡说去了毛的虎豹之皮与去了毛的犬羊之皮一样,其实恰恰不同。

人往往识得一面而遮去一面,能两面皆识实属不易,而要分出本末轻重,更难。

九　哀公问于有若章

哀公问于有若曰:"年饥,用不足,如之何?"有若对曰:"盍彻乎?"曰:"二,吾犹不足,如之何其彻也?"对曰:"百姓足,君孰与不足?百姓不足,君孰与足?"

有若讲的"彻",指十取税一;哀公讲的二,是十取税二。因为年饥收入差,哀公抱怨开支紧张,有若还劝哀公减税,自然令哀公生疑,有若也似颇显迂腐。

有若阐明了儒家治国的基本理念:富民。"百姓足"不仅是政治的宗旨,而且也是国家的基础。如果以人民的贫穷为代价,满足于所谓的国家繁荣,那么这种繁荣既是荒唐的,也是不可持续的。经济繁荣有赖于消费,而消费有赖于人民有钱,于今已是常识。有若的话虽是传统的,但也与现代理论相吻合。

十　子张问崇德辨惑章

子张问崇德、辨惑。子曰:"主忠信,徙义,崇德也。爱之欲其生,恶之欲其死。既欲其生,又欲其死,是惑也。'诚不以富,亦祇以异。'"

"诚不以富,亦祇以异"出自《诗·小雅·我行其野》。程颐以为应在《季氏第十六》"齐景公有马千驷"章的开头,故待后说。

人以忠信为本,这是立身的基础;进而依循道义而行,这是实际的展开。失了忠信,仿佛盖房子没有地基;违背义理,好像起墙歪斜了,都是有问题的。

喜欢一个人,恨不得抱在腿上,不喜欢了,又恨不得扔到井里,前后失据,自己犯糊涂,也让人困惑。对人如此,对事也容易如此。辨惑的根本在于明理、循理、不任性。

十一 齐景公问政章

齐景公问政于孔子。孔子对曰:"君君,臣臣,父父,子子。"公曰:"善哉!信如君不君,臣不臣,父不父,子不子,虽有粟,吾得而食诸?"

政事与家务,都自有规矩在。如果乱了规矩,再富庶的国家,再殷实的家庭,也搞不好。规矩也不是空的,就是每个人具体的行为准则,仿佛演戏中每个角色都演好自己的戏,才能合成一台戏。

这番道理似不难,人皆易知,但落在实处,往往有这样或那样的问题。尤有问题的是,人人都容易见到别人的毛病,而难反省自己的问题。都希望自己身上的病,让别人吃药来治。

乱规矩,又往往始于高者、尊者,所谓"上梁不正下梁歪",而高尊者又多不愿自省。

十二　子路无宿诺章

子曰:"片言可以折狱者,其由也与?"子路无宿诺。

子路的个性刚猛勇决,想来他处理事情会干净利落,故孔子称他能"片言折狱"。子路待人也痛决,答应了的事情会马上去办,不会拖拉,更不会搞虚与委蛇那套。

古今社会已有巨大变化,现代社会复杂,许多事情并非凭一己之力能办好,但是因此而凡事随口荡荡,则依然是难以取信于人的。重承诺,重诚信,仍然是一个人的立身之本。

此章将子路"无宿诺"的质实品格与"片言可以折狱"联系在一起,似乎表征孔子更在强调政府的公信力。此真尤其令人深思。

十三　听讼章

子曰:"听讼,吾犹人也,必也使无讼乎!"

法律诉讼是社会处理纠纷不可或缺的工具,但它也的确无法从根本上消除纠纷,甚至会引导人想尽办法钻法律空子,所谓"道高一尺,魔高一丈"。传统社会流动性小,社会结构与活动简单,加之法律成本偏高,故推崇礼治,以求根本上减少纠纷。

当然这是理想,纠纷不可能彻底消除,诉讼仍是少不了的。但是听讼者如何面对纠纷,如何处理诉讼,终究还是有认识层次与实践境界的区别的。孔子不仅处理诉讼本身,且以无讼为目的,便是由标至本的追求。

十四 子张问政章

子张问政。子曰:"居之无倦,行之以忠。"

子张是颇有锐气的弟子,有锐气的人往往开头很用心,到后来就不免懈怠,有始无终,难以收住。当官的多喜上任三把火,也是如此。

行政工作做久了,容易倦怠,此是常情。孔子讲"居之无倦",便是就自己的心上讲,凡事不忘初心,方得始终。如果精神涣散,整个工作就会出问题。

"行之以忠",则是针对事而言,要踏实尽心地去面对各种事务。精神上的"无倦"是一必要前提,但仅此"无倦"仍不够,"无倦"终究还是心上工夫,非待事上踏实做去,事才得以料理。

十五 博学于文章

子曰:"博学于文,约之以礼,亦可以弗畔矣夫。"

此章与《雍也第六》"君子博学于文"章重出。此前专从学上解读,这里换个角度。

人的成长始于蒙童,渐受教育,习染于社会,变得越来越"聪明",这大抵也可以说是"博学于文"的文明化过程。但如果不对这个文明化过程不断进行简约化的约束,其实人会日陷于文明的虚伪与俗世的物化。永葆赤子童心,便是要回归简约。

不过,"约之以礼"固然很重要,但"博学于文"的文明化过程既是难以避免的,又往往是自觉追求的,故比较起来,"约礼"实要比"博文"难。

十六　君子成人之美章

子曰:"君子成人之美,不成人之恶。小人反是。"

凡人皆有各种念头,好坏美恶,千奇百怪。人又往往既需要说服自己,落于具体事时更须得人相助。故周边的人取何种姿态,实在是非常重要。

"成人之美,不成人之恶",看似简单,实则不容易。美与恶的区分,首先要有识见。世上许多恶事往往都以美好的名头来启动与推进,很容易让人心潮起伏,热血沸腾。

看清了事情的美恶性质,还须有定力,这自然是更难。有时诱惑与压力来自外部的人与事,有时来自自己的内心欲念,有时兼而有之,很难抵抗。

十七　季康子问政章

季康子问政于孔子。孔子对曰:"政者,正也。子帅以正,孰敢不正?"

孔子讲政治的要义在"正"。这个"正",在传统语境中多指为政者的行为端正,其实也泛指整个政府的行为,毕竟政府是由具体的人来呈现的。"正"的指向不同,其要义多少也有区别。如指向是具体的人,则"正"重在从政者的修身;如指向是政府,则更宜理解为政治的公正。

无论作何解释,孔子对政治作出"正"的界定,都表明政治不仅是一种公共事务的有效治理,而且更是一种行为与观念的正当性呈现。有效治理固然重要,但正当性更重要,它是政治成立的根本。

十八　季康子患盗章

季康子患盗,问于孔子。孔子对曰:"苟子之不欲,虽赏之不窃。"

古人以偷盗兴起为乱世之始,因为百姓如富足,自然不会想着去偷盗。故政治应先以人民富足为要务,否则便失其根本。

当然,富足又是个相对的概念。人的贪欲是可以被诱发而无所止境的,正如谚云:"人心不足蛇吞象。"人如是不起贪欲之心,即便给钱也会懒得去偷盗。

贪欲之心可以被诱发,不贪欲之心也是要靠环境培植的。一个环境的营造虽有赖于社群中的每个人,但居高者影响尤重。倘若位高权重者动辄贪腐巨额,而要百姓不起偷盗之心,难矣!

十九 如杀无道章

季康子问政于孔子曰:"如杀无道,以就有道,何如?"孔子对曰:"子为政,焉用杀?子欲善而民善矣。君子之德风,小人之德草。草上之风,必偃。"

孔子主张仁政礼治,手段合乎目的是非常重要的标准。刑杀作为治理的手段,虽不得已而难尽弃,但与杀戮作为治理基础是截然有别的。人起杀心,已是很凶险的事。君王以杀心待民,无论什么理由,必成虎狼暴政!

以善教化人民,看似理想,甚或迂阔,但实是真正合乎情理的,因为人是有情物,又是理性的,唯教化足以通情达理。政治能通情达理,才是好的政治。

儒家强调精英可以引导社会,但又以为人皆可为精英。"德风"抑或"德草",都在一己之念。

二十 子张问士章

子张问:"士何如斯可谓之达矣?"子曰:"何哉,尔所谓达者?"子张

对曰:"在邦必闻,在家必闻。"子曰:"是闻也,非达也。夫达也者,质直而好义,察言而观色,虑以下人。在邦必达,在家必达。夫闻也者,色取仁而行违,居之不疑。在邦必闻,在家必闻。"

"闻"是扬名,"达"在成事。二者都难,"达"尤难,因为成事不唯在一己之努力,更在人和。人和不仅自己要正直好义,更要善体人情,自谦下人;而正义的人又往往自信自高,难以下人。

只求扬名,工夫可以虚很多,包装得好,也能吸引眼球。一旦名扬,又容易自以为真有那么回事,居之不疑,越吹越大。学者论学不行事,尤易好名,故古人尝深戒之。

互联网时代,吸引到眼球似乎等于成功。殊不知线上成功终须线下支撑,否则必成泡沫,一贾如此,一国亦然。

二十一　樊迟从游于舞雩之下章

樊迟从游于舞雩之下,曰:"敢问崇德、修慝、辨惑。"子曰:"善哉问!先事后得,非崇德与?攻其恶,无攻人之恶,非修慝与?一朝之忿,忘其身,以及其亲,非惑与?"

人对事物有所认识,便是"德"。追求"德",便要一心在事上。心如二用,往往就会考虑得失,把许多因素掺杂进来,难以认识事物本身,"崇德"无从谈起。

人容易对别人说三道四,却很难检讨自己,尤其是闪现在自己内心的恶念,不仅外人不知,而且自己也很难察觉。修正己心,剔除恶念,自我反省是最平实的路径。

人不免遇到愤怒的人与事,这愤怒本是小,但如逞一时之忿,不顾一切,身陷危难,甚至连累父母,就酿成大祸了。小大之变,全在一个"惑"字。

二十二　樊迟问仁章

樊迟问仁。子曰:"爱人。"问知。子曰:"知人。"樊迟未达。子曰:"举直错诸枉,能使枉者直。"樊迟退,见子夏曰:"乡也吾见于夫子而问知,子曰'举直错诸枉,能使枉者直',何谓也?"子夏曰:"富哉言乎!舜有天下,选于众,举皋陶,不仁者远矣。汤有天下,选于众,举伊尹,不仁者远矣。"

爱人与知人皆难,而爱人与知人并举尤难,因为爱人重在仁慈,知人重在区别,知与行的方向刚好相反。

孔子以爱人的仁学为宗旨,但仁者的爱人并不是简单的不分善恶,而是以知人为爱人的前提。区分正直与邪枉,这是知人;选用正直的人,为邪枉者立一标杆,使之正直,这是爱人。仁与爱合一。

制度以正义为首要。一种制度无论多么有效,但如有失正义,终应调整。正义与否的前提在于弄清楚什么是正义,故仁的正义制度是通过理性的知建立的。

二十三　子贡问友章

子贡问友。子曰:"忠告而善道之,不可则止,无自辱焉。"

朋友相处,应该真诚相待,忠告是其一。但仅是忠告又不免粗了,最好还能"善道之"。"善道之",可有两解。一是以善道之,忠告只是一形式,忠告的内容应是善的,以忠告引导人向善。二是善以道之,忠告要以友人适宜接受的好的方式表达。

朋友相处,又不可勉强,即便是限于言辞的忠告,也有它的限止。人各有不同的识见与志趣,我以为金玉良言,别人可能认为违情悖理。因此,如果实在无法沟通,多说不仅失趣,而且有迫人之嫌,令人反感而生厌。

二十四　君子以文会友章

曾子曰:"君子以文会友,以友辅仁。"

人若无友,虽苦学,也很难摆脱孤陋寡闻,因为一个人的识见是有限的。人交朋友,途径很多,或酒肉,或权利,但最切心的应当是学问,因为学问触及人的精神,而人是精神的动物。人的精神是活的,僵化的知识难以成为切心的学问。

现实中满眼皆人,而人偏偏仍觉得孤独,此时书适以慰解。读书而能解慰,固在学到书上的知识,更在交到书后的朋友。

一个人在世上有谈论生命学问的朋友,在书中有心契生命性情的朋友,自然会滋养对生命的热爱。

君子和而不同，
小人同而不和。

子路第十三

一 子路问政章

子路问政。子曰:"先之,劳之。"请益。曰:"无倦。"

从政原本不是轻松之事。要带领民众做事,自己须率先为之,否则无法真正动员大家;而且自己须吃苦耐劳,否则难以真正引领大家。从政当然还涉及许多事情,诸如路线、方针等等,但所有这些最终都要落实到人去做。以身作则,吃苦耐劳,看似平淡无奇,却是极重要的入手处,否则不免空谈。

相比于以身作则、吃苦耐劳,"无倦"更难。一时之事,一时之苦,凡人大抵都能做得、吃得,但能做到不倦怠,则非人人能行。故从政者当以此为更高要求。

二 仲弓为季氏宰章

仲弓为季氏宰,问政。子曰:"先有司,赦小过,举贤才。"曰:"焉知贤才而举之?"子曰:"举尔所知;尔所不知,人其舍诸?"

做事首先要各司其职。职责要纵向到底,横向到边,既不留盲区,又尽可能减少责任不清。如果不能做好这一点,轻则事必躬亲,忙乱不堪,重则胡须眉毛一把抓。

智者千虑,不免一失。对于做事的人,不可求全责备,更不可动辄失信、怀疑。能信任人、鼓励人,既是识见,也是胸襟。

当然,选贤与能终是前提。所托非人,万事休矣。选贤与能,关键在心量大小。人往往喜用自己认可的,但限于此,心量就小了。能相信别人推举的,才足以广纳贤才。

三　子路曰卫君待子章

子路曰:"卫君待子而为政,子将奚先?"子曰:"必也正名乎!"子路曰:"有是哉,子之迂也! 奚其正?"子曰:"野哉,由也! 君子于其所不知,盖阙如也。名不正,则言不顺;言不顺,则事不成;事不成,则礼乐不兴;礼乐不兴,则刑罚不中;刑罚不中,则民无所错手足。故君子名之必可言也,言之必可行也。君子于其言,无所苟而已矣!"

凡事都自有它背后的道理,若违背道理,虽一时轰轰隆隆,终难行之久远。所谓"正名",便是凡事要说得出背后的道理。政治是处理天下人的事,更应以合乎道理为先。

政治在表象上往往呈现于权力的运行,这便容易给人以假象,仿佛权力才是硬的,道理是虚的。讲道理,难以对抗得了当下的权力,足显其迂阔不切实际。

其实,迷信权力者也是要给自己的观念与行为寻找道理的支撑的,其间的差别仅在以道理为权力的附庸,而其所谓的道理也多是歪理。

四　樊迟请学稼章

樊迟请学稼。子曰:"吾不如老农。"请学为圃。曰:"吾不如老圃。"樊迟出。子曰:"小人哉,樊须也!上好礼,则民莫敢不敬;上好义,则民莫敢不服;上好信,则民莫敢不用情。夫如是,则四方之民襁负其子而至矣,焉用稼?"

孔子生值乱世,各种救世主张应运而生,其中有后来发展为主张"君民并耕"的农家学派。樊迟想学稼,或亦属农家早期思想的反映。此章孔子对樊迟的回应颇强烈,且展开论说,可以体会到樊迟的请教不只涉及具体的知识,实亦涉及思想的取向。

社会的构成基于分工,孔子的关怀不在具体的生产层面,而在社会赖以合理化存在的根本基础,他培养学生的目标也是服务于这个基础建设的。孔子以仁爱与礼治为社会的灵魂与准则,他的行教围绕此而展开。

五　诵诗三百章

子曰:"诵《诗》三百,授之以政,不达;使于四方,不能专对;虽多,亦奚以为?"

文学虽是虚构的想象,但却是真实的生活,尤其上层社会难以接触的底层世界,更有赖于文学逼真的描述而获生动的呈现。善读文学作品,足以由中深刻体会社会的复杂与人心的向背,而此恰足以成为一个从政者的重要参考。大到政策的制订,小到具体的应对,文学的想象世界实不失为生活的沙盘推演。

孔子强调学而时习,学以致用是他教育的理念之一。从用的视角出发,一切的知识都足以成为应用的教材,区别仅在能否善学。如不善学,虽多无益。

六 其身正章

子曰:"其身正,不令而行;其身不正,虽令不从。"

虽说现代政治注重政策的合理性,但政治人物的私德仍然是重要的。究其原因,政治终究是社会最重要的主导力量,尽管现代社会存在着多元的社会力量的平衡。政治既要引领社会,政治人物的端正与否便是重要的象征。也正因为此,政治人物常常免不了作秀。

政治的良性运作又通过政府具体的工作实现,而政府的工作对于社会公众而言,其信用又往往见之于公务人员的一言一行,故政治的好坏不仅与政治大人物相关,而且与普通的公务人员也有关。

七 鲁卫之政章

子曰:"鲁、卫之政,兄弟也。"

鲁国是周公的封国，卫国是周公弟弟康叔的封国。周武王去世，成王继位，因年少而由叔父周公摄政，引起受封在殷商故地辅佐纣王之子武庚的另外两位叔父管叔、蔡叔的不服，二人伙同武庚叛乱。周公平叛，康叔立功，武庚的封地被改封给康叔，称卫国。因康叔尚年轻，周公专为他制《康诰》等文，嘱其勤政爱民。康叔谨遵教导，故卫国与周公鲁国的治国理念相一致。

《史记》讲，孔子六十三岁时由楚返卫。或体会到鲁、卫两国共同的历史而发此感叹吧。

八　子谓卫公子荆章

子谓卫公子荆，"善居室。始有，曰：'苟合矣。'少有，曰：'苟完矣'。富有，曰：'苟美矣。'"

人的生活，有赖于衣、食、住、行等物质条件。物质条件好一些，人自然舒服一些。只是这个好一些有时又没有止境，往往好了还想更好。人如以此好为目标，日久便不免心累于物。心一旦役于物，人便难以自足，便累了。

居家如卫公子荆，差不多时就觉得够了，稍有了就觉得齐全了，更多时则觉得已完美，心易足而常乐，自然能随遇而安了。

安顿身心，并非不努力。只有收拾起自家精神，才可能聚精会神做事。随遇而安与随时努力，正是心上工夫的两面。

九　子适卫章

子适卫，冉有仆。子曰："庶矣哉！"冉有曰："既庶矣，又何加焉?"曰："富之。"曰："既富矣，又何加焉?"曰："教之。"

一国人虽多，但如贫穷，衣食不足，就从根本上失去了文明的基础。富足的关键又不在国家的富足，而是在人民的富足。只有人民富足，人民才真正热爱自己生活的这个国家，国家才成其为国家。

富而不教，轻则富难持久，重则人近于禽兽。只有富而教之，文明才真正获得确立。

富与教，虽分先后讲，但其实是一动态过程，犹人走路之左右脚。只是求富眼前即可享用，易得认同；施教之功久而方显，难以实行。殊不知，拖着一脚，既难走，也走不远。

十　苟有用我章

子曰："苟有用我者，期月而已可也，三年有成。"

"期月"是指一年。古人以为，百姓耕地三年可以有一年的积余，生活开始相对安定，然后可以施行教化，培植起礼让的风气，逐渐平息争讼，因此以三年为一个周期加以考绩。孔子的自我期许，亦是以此为准，其中又以一年为小周期，初成规模。

凡事都须有一个过程，改善社会尤然。为政如求速成，多半只是面子工程，不仅劳民伤财，而且败坏风气。渐进的过程，实际上亦是改良的过程，而非革命的过程。革命固然为社会之不可免，但必不可以为常态。

十一　善人为邦章

子曰："'善人为邦百年，亦可以胜残去杀矣。'诚哉是言也！"

一个社会要除去残暴，弃用刑杀，决非易事，虽善人治国，也需百年。如果奉行强权与斗争，那就不知多久才会太平了。

人是群体动物，既求和存异，又好辨争执。一个社会倡导哪一面，对人的引导自然完全不同，会各趋所止。强调辨异争执，归趋不免斗争，迷信强权，崇拜枪杆子。虽一时效用明显，但对社会的破坏实是久远的，因为人心被撕裂了。

即便不到斗争那一步，仅限于辩争，也会渐渐积涨戾气，终至社群分裂，不得安宁，"胜残去杀"遥遥无期。

十二　如有王者章

子曰："如有王者，必世而后仁。"

人的"积善成德"，社会的"胜残去杀"，都是非常艰难而长久的事情,即便在良好的政治环境下,大概也需经过好几代人的努力。

经济改善是重要前提,而这就不是一件容易的事情,需要良好的制度安排、技术的合理使用、劳动力的素质提升,等等。而且,经济的改善本是重要的前提,也是根本的路径,但操之不慎,负面的影响同步增长。

人的价值观念当然更是核心。究竟成为怎样的人,成为怎样的社会,需大家形成共识,养成积习,时间是必不可少的。

十三 苟正其身章

子曰:"苟正其身矣,于从政乎何有? 不能正其身,如正人何?"

此章与本卷第六章"其身正"章意旨相同,只是"其身正"章是正面陈述,此章表达为疑问句式。想来是孔子处于不同的语境中讲的。

孔子思想以人为核心。制度由人定,事情由人做,全部事务的目的也是为了人。人如不正,万事休矣。

现代的流行观念似以为人是靠不住的,人需要制度来监管。基于这样预设的政治理念与制度安排,传统中国也有,最极端的便是法家。

试想,如果领导人是一个自身不正的人,仅期望制度来管住他或她,不免有点荒谬。

十四 冉子退朝章

冉子退朝。子曰:"何晏也?"对曰:"有政。"子曰:"其事也。如有政,虽不吾以,吾其与闻之。"

当时鲁国被季氏专权,冉有为季氏宰。某日退朝颇晚,便留下与孔子的这则极富深义的对话。

冉有解释晚回的原因是在与季氏讨论政务,而孔子指出所议并非政务,而只是季氏家事,否则他虽然已不见用,但尝为大夫,按制度是应当有所听闻的。

显然,孔子这里着意的是政务与家事,亦即公与私的区分。政务是国政,非一家之私事,不应只是几人密谋,而应公共决策,否则便是名不正而言不顺,说到底就是以私行公。孔子的立场,正在于公权的维护。

十五　定公问一言兴邦章

定公问:"一言而可以兴邦,有诸?"孔子对曰:"言不可以若是其几也。人之言曰:'为君难,为臣不易。'如知为君之难也,不几乎一言而兴邦乎?"曰:"一言而丧邦,有诸?"孔子对曰:"言不可以若是其几也。人之言曰:'予无乐乎为君,唯其言而莫予违也。'如其善而莫之违也,不亦善乎? 如不善而莫之违也,不几乎一言而丧邦乎?"

"一言兴邦,一言丧邦。"这是句老话。因为是老话,便常常说来轻巧,其实不当回事。孔子不作简单的否定或肯定,而是各举一言,细腻地展开,令人真正体会一句话。

比如"为君难,为臣不易",君臣都拥有权柄,有权不是可以任性吗?

如果君臣真的体会到自己职责的难与不易,有权不任性,岂非"一言兴邦"?

又如,做皇帝别无所乐,唯一的快乐就是人人俯首听命。如果真的如此,而无论是否对错,难道不是"一言丧邦"吗?

说句话很容易,真正体会则很难。

十六　叶公问政章

叶公问政。子曰:"近者说,远者来。"

无论传统政治,还是现代政治,人心向背终究是根本。在现代政治中,人心向背多已显现在人手一张的选票上;在传统时代,虽无选票,但人心向背大致可以表现在脚上的去留,尽管不容易。既不给选票,又不让去留,虽逞威于一时,但终难长久,因为只要人还在,心就在,永远是寻求活泼泼的生机的。

人心向背的动力是多方面的,经济、文化、政治……但最终表现出来的,却往往简单而直观。哪里的人民生活得富足、安康、自由,哪里就令人们向往。

十七　子夏为莒父宰章

子夏为莒父宰,问政。子曰:"无欲速,无见小利。欲速则不达,见

小利则大事不成。"

为政者拥有资源与权力,如想做成一些表面的事,并不难,比如把沿街的墙面粉刷一新,很快就能做成,似乎也很好看。然而资源与时间都花在这类事上,真正的城市维护,比如看不见的地下管网、背街小巷的破旧危房,就缺钱,没时间去处理了。

想快,结果反而慢了;关注小事,就难以处理大事。慢与快,小与大,当然是相对的,并无恒定的标准。只是,为政者心里有杆秤,不要急于求成,不要贪小失大。说到底,既是识见问题,更是政绩观的问题。

十八　叶公语孔子章

叶公语孔子曰:"吾党有直躬者,其父攘羊,而子证之。"孔子曰:"吾党之直者异于是:父为子隐,子为父隐——直在其中矣。"

"直",指合乎情理的直率真诚。父子相隐,于法有违,但合乎情理,故"直在其中"。

社会治理离不开公共准则,因此尊崇法律是必须的。但人为法须合乎自然法,落在人,就须基于人性,而非背悖甚至戕害人性,否则便是反自然的。

父子亲情是自然情理,是比法律更基础的人类准则。破坏这一准则,虽在表面上维护了法律的公正,其实是动摇了人类社会的基础。

法律如可重于自然情理,则其他种种东西都足以披上神圣的说词而行其反自然与反人类的勾当。

十九　樊迟问仁章

樊迟问仁。子曰："居处恭，执事敬，与人忠。虽之夷狄，不可弃也。"

孔子教人，宗旨就在使人成为人，即做人。做人，事涉万端，因时、因地、因事、因人而不同，但究其要，不外于如何自处、如何做事、如何待人。孔子点出"恭"、"敬"、"忠"三字，不可谓不简洁明了，但落在行动上，则不可谓不难。

所谓难，并非人难以做到。恰恰相反，此三字人人当下做得。难在始终做到。做人的入手处在这三字，极致处也在这三字，故前人以为这三字是彻上彻下之法。

正因为如此，故孔子又强调虽行之蛮域，也就是这三字。可说是普世价值。

二十　子贡问士章

子贡问曰："何如斯可谓之士矣？"子曰："行己有耻，使于四方，不辱君命，可谓士矣。"曰："敢问其次。"曰："宗族称孝焉，乡党称弟焉。"曰："敢问其次。"曰："言必信，行必果，硁硁然小人哉！抑亦可以为次矣。"

曰:"今之从政者何如?"子曰:"噫!斗筲之人,何足算也?"

士是有所执守不随波逐流的人。能够承担起国家重托,不辱君命,当然是其中的佼佼者;而能承担起这样使命的,也必是有极强操守的。

退而求其次,便是洁身自好,足为一乡之楷模,为社群所称誉的。再其次,也应能言而有信,行必有果,不会随便放倒。这样的人虽也有执守,但其言行未必尽循乎理义,只是尚能有其原则而已,并不足取。再往下,就不足以称士了。

子贡进而再问当下从政者,孔子断然贬之,可知都是无所担当、无所执守的仰禄者。

二十一　不得中行而与之章

子曰:"不得中行而与之,必也狂、狷乎!狂者进取,狷者有所不为也。"

有一种人,识见高,气魄大,只是做事空疏,常显得狂,徒有其志。另有一种人,凡事有持守,有些事肯做,有些事不肯,颇孤洁狷介。这两类人都有问题,但却有个性、有激情,值得培养。

相比之下,那些循规蹈矩有余、志向个性绝无的人,则很难期望有所担当。好事固然做不了,坏事倒也不会做,只是让人无从着手,难以培养。

做老师的,当然希望教那些志向高远而又践行稳健的学生,只是这样的学生终究难得,退而求其次,狂、狷者胜过气衰者。

二十二 南人有言章

子曰:"南人有言曰:'人而无恒,不可以作巫医。'善夫!""不恒其德,或承之羞。"子曰:"不占而已矣。"

巫与医虽也是需要读过书有文化的士人做,但古人以为这是士人未能出将入相不得已的选择,因此巫与医的职业属于地位低的。尽管如此,孔子时代的南方,象征着文明程度低的,对从事巫与医仍有品德要求,即有恒。孔子对此极为肯定,引《易·恒》的九三爻,"缺乏恒常之德,可能招致羞辱",予以佐证;并进一步强调,这样的道理,不占卦也是知道的。

恒是儒家对于士人的一个极重要而又很基本的要求,因为有恒意味着有所执守,不随波逐流。

二十三 君子和而不同章

子曰:"君子和而不同,小人同而不和。"

人与人相处或共事,如能于道理上考虑,便容易心平气和,彼此识见不同,也能坦诚讨论;如不能于道理上考虑,牵涉进个人利益,就麻烦,利益一致时合,利益分歧时散。虽说在国际关系上常以国家利益为先，仿佛唯利是图，但细观之，各国争利时还是要讲理。

古人贵和弃同，不唯在人与人交往，或公共事务，而且是对万物的基本认识。比如，音乐须和律，烹饪须和味，如此听之悦耳，食之平心。故和不是专指对外，自处也要自和。这点容易忽略。

二十四　子贡问乡人皆好之章

子贡问曰："乡人皆好之，何如？"子曰："未可也。""乡人皆恶之，何如？"子曰："未可也；不如乡人之善者好之，其不善者恶之。"

一个乡村，一个社区，一个单位，各色人等都有，如果都喜欢一个人，或都讨厌一个人，实在都是不足为据的。有人喜欢，有人讨厌，才是正态的分布。真正的好人总是有操守，因而会得罪人的，好人说好，坏人说坏，才是正常的。

现代社会崇尚民主，多以票决为方法，虽是简单，却也足以见证人们的意见与取向是有所不同的。这本是极自然的事。如果定要弄得众口称誉、万民拥戴才满意，实不免于自欺欺人，甚或整个社会便是一个极有问题的社会。

二十五　君子易事而难说章

子曰："君子易事而难说也：说之不以道，不说也；及其使人也，器之。小人难事而易说也。说之虽不以道,说也;及其使人也,求备焉。"

有的人,待人接物都比较简单。做事情就做事情,各人能力不同,却不妨一起合作,各尽所长,不牵扯太多别的事,不相互拉关系、套交情,不搞团团伙伙。

有的人正相反,很复杂。套近乎、搞关系时似乎很容易,真一起做事却很难,总嫌别人这里有问题,那里有毛病。

简单与复杂,自然是表象,骨子里是操守与识见问题。人如贪心占了上风,便爱得些便宜,很容易受人恩惠而心悦,这便是操守的问题;做事不能用人所长,求全责备,这就是识见的问题。

二十六 君子泰而不骄章

子曰:"君子泰而不骄,小人骄而不泰。"

"泰"与"骄",有时同义而并举。《述而》之"圣人吾不得而见之"章中有"约而为泰,难乎有恒"的说法,这个"泰"就与"骄"是同义的。故此章将"泰"与"骄"对举,可以想见,两者的差别或在毫厘之间。

试想两个人,都有些资本,日子都过得很好,但一个因此而自在从容,另一个却喜欢拿来摆谱,前者就是"泰",后者便是"骄"。

"泰"与"骄",有时当事人未必自觉,甚或也不认同,但旁人眼里,却是很明显的。这中间的标准难定,但有此区别却又是个客观的事实。

二十七　刚毅木讷近仁章

子曰:"刚、毅、木、讷,近仁。"

仁作为精神性存在,很难描述,可描述的往往是它的表现形态,其中最核心的就是恻隐同情心。由此,进一步生发出羞恶心、恭敬心、是非心。人都有恻隐同情心,但能否守住,能否使之生发为人的精神主体,这是大问题。

"刚"、"毅"、"木"、"讷"作为人的气质,本身并不是仁,但孔子认为这样的气质容易让人近乎仁。为什么呢?孔子并没有论证。大致想来,"刚"坚强,"毅"坚韧,不容易受诱惑;"木"质朴,"讷"迟钝,不容易变来变去。有这样的气质,仁心容易生发与收护。

二十八　子路问士章

子路问曰:"何如斯可谓之士矣?"子曰:"切切、偲偲、怡怡如也,可谓士矣。朋友切切、偲偲,兄弟怡怡。"

"切切",形容恳切;"偲偲",表示勉励。朋友相处,当然要真诚恳切,但还需有它的方向与内涵,这便要勉励。故"切切"与"偲偲"又常联称"切偲"。

与朋友之间重在义有别,兄弟之间重在情,故强调"怡怡"。

前人曾指出，孔子在回答了子路所问如何为士以后，又进而追加一句说明"切"、"偲"与"怡怡"的分别用处，是因为子路性子比较粗，孔子担心他不作区分地笼统做去。其实，此章言士，整个便是针对子路而讲的。只是前人点出这点，可令人更体会到孔子教人的细密。

二十九　善人教民七年章

子曰："善人教民七年，亦可以即戎矣。"

朱子解"教民"，起初仅"教之孝、悌、忠、信"，后来才添入"务农、讲武之法"。他解释古时兵民一体，政事本末兼具，故教民自然包含了两层内容。起初只讲孝、悌、忠、信，不讲务农、讲武，恐怕朱子自己也意识到对本文有遮蔽曲解，故予以增补。

孔子倡导仁学，但并不讳言战事。身处春秋乱世，目睹诸侯争战，又岂会讳言战事？孔子行六艺之教，御与射是重要内容，那应该不是表演的礼仪，而应有实战的作用。

至于"七年"，想来是孔子的推想，或依据当时的估算。

三十　以不教民战章

子曰："以不教民战，是谓弃之。"

此章实可作为前一章的注脚。善人教民七年，可以使战，不教就让民众打仗,自然等于让百姓送死。

春秋乱世战事频仍,由此章可以想见,当时诸侯与当权者对于百姓的生命是非常不在意的,以为只要能拿起武器,便可驱之战场,死活大概是不关心的。难道冷兵器时代,人们对于士兵的训练看得非常简单?显然不是!是对生命看得太轻!由此亦足以反衬孔子倡导仁学的时代意义。珍爱生命实是孔子思想的核心精神,具有普世价值与永恒意义。

宪问第十四

古之学者为己，
今之学者为人。

宪问第十四

一 宪问耻章

宪问耻。子曰:"邦有道,穀;邦无道,穀,耻也。"

"穀"即食禄。"耻"有二解:一专指邦无道穀;二是合有道与无道并说之。二解皆通。前者容易理解。政治清明,出仕食禄,没有问题;政治昏暗,出仕食禄,便是耻辱。

后一种理解费周折一些,需要对邦有道穀亦有耻作出说明。邦有道穀,也是有条件的。政治清明,出任公职,如果只是满足于自己工作的三分三,而于全局不问不顾,如此心安理得地领一份薪金,其实也是有所耻的。

后一种理解,也与原宪有关系。原宪性格狷介,孔子对他有勉励激发之意。

二 克伐怨欲不行章

"克、伐、怨、欲不行焉,可以为仁矣?"子曰:"可以为难矣,仁则吾不知也。"

仁是与生俱来的良性的生命本能。仁心觉而生发,在自己是活泼泼的生命,在身外便是孟子讲的"亲亲而仁民,仁民而爱物"。仁心的觉发常受制于生命的另类本能,比如"克"、"伐"、"怨"、"欲"。

人的好胜、矜伐、怨恨、贪欲很难战胜,即便克制了,也不等于仁心觉发了,只能说创造了仁心觉发的条件。

克制工夫很累。一时克制了,其心仍在,适时又发。克制久了,一旦决堤,则成大灾难。心只是一个心,仁心多了,"克"、"伐"、"怨"、"欲"就少了。克制工夫不可少,培植工夫更亲切。

三　士而怀居章

子曰:"士而怀居,不足以为士矣。"

古人以为,天地四方,都是男子干事业的地方。哪里有事业,就去哪里,而不是留恋安宁。士以天下为关怀,更应如此。

古人又以为,"怀"与"安",象征着败与亡。任何事物,永远处于变动之中。个人与家国,才见志满意得,欣欣向荣,便见穷途末路,坍塌崩溃。士不拘于眼前,着眼于长远,于静中见动,从繁华看到危机,难以安逸。

只是,人总是有着求安宁的本能,尤其是中年以后。一旦生"怀居"之心,所谓天下关怀,多半只能宣之于口,士已不复为士。

四　邦有道章

子曰:"邦有道,危言危行;邦无道,危行言孙。"

政治清明时,言与行都正直;政治昏暗时,行为要正直,但说话就需谨慎。

言与行作这样的区分,实在是传统时代政治中的专制与强权性质使然。环境恶劣,勉强讲话,于事无补,身先受害,坦率说来,是极不明智的。

古人相信,万物都在流变之中,政治的清明与昏暗都是在不停的转换之中,具体个人常常无能为力,能够做的只能因势而为。古人似又坚信,道义存于天地之间,昏暗政治终会崩溃。

"危行言孙",不失为乱世中具体个人的明智正当的选择。

五 有德者必有言章

子曰:"有德者必有言,有言者不必有德。仁者必有勇,勇者不必有仁。"

人有多方面的才性品质。有些具有催生性,有了某种才性品质,就会滋生另一种才性品质。有些则不具有催生性。"德"与"言"、"仁"与"勇",便是具体的例证。

有德者,明理于心而见之于行。如果需要,有德者应能言说自己的识见与行为。反之,能够言说的,当然不一定有真识见与真行为。其实,言说也是足以影响认知与行为的。显然,这里的言说只是巧言而已。

勇有道义之勇,亦有血气之勇,前者含有仁,后者自然是没有。"仁"与"勇"的关系,比"德"与"言"要清楚。

六　南宫适问于孔子章

南宫适问于孔子曰:"羿善射,奡荡舟,俱不得其死然。禹、稷躬稼而有天下。"夫子不答。南宫适出,子曰:"君子哉若人! 尚德哉若人!"

羿与奡强力而不得好死,禹与稷躬稼而有天下。南宫适对孔子讲这番话,或以为是借此誉孔子为禹、稷,弄得孔子无法回答,但南宫这番话却是表明对德的崇尚,故待其出而孔子誉之。

孔子不答,又有不同解释。比如,拿羿、奡与禹、稷作比较,好比说月亮没有太阳亮,没啥好说的。大概孔子也是不喜欢多扯,得过便过。

又如,南宫这话是尚德,举的也是史实,但好人不长寿,坏人尽天年很多,以结果倒推行为的应当与否,是有问题的,故孔子不答。

七　君子而不仁者有矣夫章

子曰:"君子而不仁者有矣夫,未有小人而仁者也。"

凡事说有容易说无难,毕竟天下事难穷尽。如此看,孔子似乎说过了。但试想,既定性为小人,便是不仁者。换言之,因为不仁,才称为小人。因此孔子这话并不为过,只是这样的断语并非基于观察,而是基于推理。

如此，足以醒悟的是，君子与小人原存于自己的一念之中。人如不仁，便是小人；人如仁，便是君子。仁是标准。君子固然是心念为仁，但却有可能照顾不到，或不够，有所不仁；小人则无心于仁，自然不可能是仁。人心归仁，这是根本。

八 爱之能勿劳乎章

子曰："爱之，能勿劳乎？忠焉，能勿诲乎？"

一个人劳碌，自然就会思考着如何把事情做好，精神充实阳光。一个人安逸，无所事事，便容易心思飘忽，无事生非。真的爱一个人，就不要怕让他辛劳。

"忠"与"诲"也是如此。对人忠心耿耿，却只是一味顺从，见到不好的地方也不拦阻，不规劝，这样的忠便是有问题的。

这个道理是针对着如何爱人，如何忠心而言的，反过来用在自己身上，则足以启发：人要勤勉，不要怕劳碌，能够劳碌是一种福分；人要听规劝，不要怕批评，能够被教诲也是一种福分。

九 为命章

子曰："为命，裨谌草创之，世叔讨论之，行人子羽修饰之，东里子产润色之。"

"为命"指制定文书。裨谌、世叔、子羽、子产都是郑国大夫,郑国制定文书要经过这四人的起草、讨论、修改、润色才完成,可见国家文书的制定是一件相当慎重的事情。

子产的时代是春秋,春秋无义战,礼崩乐坏,但似乎礼乐文明的影响尚在,国家制定文书仍然要讲明背后的道理。此章所记,大致反映了这一史实。至战国,据说已不重视陈述道理,而只讲当下怎么有利,如何能打赢了。

当下的功利,背后的道理,两者都不可缺,但功利终必基于道理。

十 或问子产章

或问子产。子曰:"惠人也。"问子西。曰:"彼哉!彼哉!"问管仲。曰:"人也。夺伯氏骈邑三百,饭疏食,没齿无怨言。"

评价历史人物很难。历史人物总有不寻常的故事,有些事似乎不合情理,但实属必须;有些事看似光鲜,其实不堪细说。

孔子因问而论及郑国子产、楚国子西、齐国管仲。子西的生平,贤愚并存,最后招乱被杀,孔子以"彼哉彼哉"表示不足以论。对子产与管仲,则是称誉有加。

论子产,仅"惠人"一语,点明子产是有仁德之人。管仲助齐桓公称霸,孔子举齐桓公当年夺齐大夫伯氏三百户的采地给管仲,伯氏穷困,但至死无怨,以示管仲还是令人敬服的。

十一　贫而无怨章

子曰:"贫而无怨难,富而无骄易。"

《学而》"贫而无谄"章尝论及"贫而无谄、富而无骄",以及"贫而乐、富而好礼"。比较起来,本章的"贫而无怨"比"贫而无谄"强,"谄"比"怨"要差。

人如穷得无饭可吃、无衣可穿,活不下去,心无怨忿,实在是很难的。有饭吃,有衣穿,日子过得甚好,只需稍懂点道理,做到不骄横,这当然是比较容易的。

这种难易状态是一种现实的境况,人之常情,不因人的喜欢与否而改变。颜回这样"贫而乐"者固然有,但终是极少,不足以、也很难要求所有人都达到这个境界。

十二　孟公绰章

子曰:"孟公绰为赵、魏老则优,不可以为滕、薛大夫。"

德才兼备的人是很少的,而岗位对人的要求也有所不同。有的对才能的要求高,有的对德行的要求高。知人善任,便是非常重要的事情。此章孔子是举了一个案例。

赵、魏是晋国大家,滕、薛是诸侯小国。国小,国力不足而政务更显繁难;家大,势力强大而家事毕竟简易。孟公绰是鲁国大夫,德高而才逊。德高望重者,做大家的老臣,无需处理繁难之事,只需处事公道服人,便绰绰有余。但如强任诸侯国的大夫,即便小国,如才干不足,实是很麻烦的。

十三　子路问成人章

子路问成人。子曰:"若臧武仲之知,公绰之不欲,卞庄子之勇,冉求之艺,文之以礼、乐,亦可以为成人矣。"曰:"今之成人者何必然?见利思义,见危授命,久要不忘平生之言,亦可以为成人矣。"

臧武仲、孟公绰、卞庄子、冉求各具知、仁、勇、艺,得其一实已足以自立,但论"成人",即德才兼备的全人,孔子强调还要以礼、乐来调理。知、仁、勇、艺虽是好的才德,但落于践履仍不免或过或不及,难以中道而行之。以礼、乐调理,便要使知、仁、勇、艺在展开中能够以礼节之,以乐和之,行乎中道。

不过,孔子也讲,这样的要求太高了。以当时而言,能够见利思义、见危授命、久处贫困而不忘讲过的话,便可算"成人"了。

如今也有成人礼,但似乎年龄是硬标准。

十四　子问公叔文子章

子问公叔文子于公明贾曰:"信乎,夫子不言、不笑、不取乎?"公明贾对曰:"以告者过也。夫子时然后言,人不厌其言;乐然后笑,人不厌其笑;义然后取,人不厌其取。"子曰:"其然,岂其然乎?"

公叔文子是卫国很有名的贤大夫,人们传他不言、不笑、不取。孔子向公明贾求证,公明贾告知是误传。公叔文子并非不言、不笑、不取,而是讲话适时,笑逢其时,取之以义,大家都以为应该,不讨厌他。

人能做到言笑适时,以义取之,以至于大家觉得这人不言、不笑、不取,实在是难以想象的,虽孔子也有所怀疑。只是孔子与人为善,不好意思去说破,故委婉地表以疑问。

品评人物,很容易说好时好入云端,说坏时坏至污泥。结果往往适得其反。

十五 臧武仲以防求为后于鲁章

子曰:"臧武仲以防求为后于鲁,虽曰不要君,吾不信也。"

前面"子路问成人"章曾言及臧武仲之知,孔子指出仅此不足以为"成人",须文之以礼、乐。此章佐证了此看法。

《左传·襄公二十三年》载,臧武仲用计帮助季氏废长子,结果引来季氏与孟孙氏家族的攻打而流亡。后又以舍弃自家封地防邑向鲁君请求保有宗祠,防邑是鲁、齐边境要地,鲁君只能同意,为臧氏立后,臧武仲出亡齐国。此事孔子后来断定是臧武仲要挟鲁君。

臧武仲智力过人,其遭遇也算是权力争斗中的受害者,但与他不守规矩也是极有关的。

十六　晋文公谲而不正章

子曰:"晋文公谲而不正,齐桓公正而不谲。"

春秋时期,周王室式微,但名分仍在。诸侯以力称霸,还须挟天子以正当的名义行事,比如攘夷狄。

以力量行霸王事,但又须有正当性,春秋将人类行为的两股力量的冲突显著地表现了出来。人类如果只凭力量,则奉行弱肉强食的丛林原则即可,何必另造文明?如果只凭正当性,正当性的依据又是什么?行王道,还是霸道?抑或杂王霸而用之?这几乎是人类的基本问题。

同样是春秋中的著名霸王,践行也不同。如孔子所言,齐桓公正直,晋文公诡谲。

十七　子路曰桓公杀公子纠章

子路曰:"桓公杀公子纠,召忽死之,管仲不死。"曰:"未仁乎?"子曰:"桓公九合诸侯,不以兵车,管仲之力也。如其仁!如其仁!"

当初鲍叔牙辅佐公子小白,管仲与召忽辅佐公子纠,后来小白做了齐国国君,即齐桓公。鲁国受齐威胁,杀了逃避在鲁国的公子纠,召忽同死,管仲因返齐国,被鲍叔牙举荐给齐桓公为相。对于管仲的不死,反而为相,子路疑为忘君事仇,忍心害理,不得为仁。这恐怕也是当时许多人的看法。

孔子强调,管仲身处乱世,能够辅佐齐桓公,不以武力而多次会盟诸侯,平定天下,这本身即是利泽百姓的莫大仁功。

评价历史人物取其大,有利于百姓是关键。

十八 子贡曰管仲非仁章

子贡曰:"管仲非仁者与?桓公杀公子纠,不能死,又相之。"子曰:"管仲相桓公,霸诸侯,一匡天下,民到于今受其赐。微管仲,吾其被发左衽矣。岂若匹夫匹妇之为谅也,自经于沟渎而莫之知也。"

此章子贡质疑,与上章子路同,可知这是孔门品评历史人物的一个重要话题。通常抽象的讨论重合乎逻辑,但以之论人,便很难尽以逻辑衡定,因其涉及价值的考量。

管仲自非完人,而孔子更非以普通人来评定他。历史人物处于巨大的漩涡中,如绳以寻常小节,则根本难以有所担当。孔子讲"被发左衽",正指出管仲身处野蛮与文明的搏击时期,他选择死难固然是义,但选择生而救民众于水火之功更是仁。

后世评点前人,容易苛责,此亦正见史识之高低。

十九　公叔文子章

公叔文子之臣大夫僎，与文子同升诸公。子闻之，曰:"可以为'文'矣。"

识人需要智慧，已是难事。能够举荐贤才，还需要胸怀，更难。公叔文子能够使自己的家臣僎与自己一起升任国家大臣，可见他的识见，以及他的胸怀。

据位者常常抱怨无人才可用，其实一世必有一世足用之人才。所谓无人才，究其原因，全在制度之劣。轻则求全责备，重则戕才窒性。

孔子闻知公叔文子的故事，由衷称赞其名为"文"是名副其实。为什么？因为"文"就是顺理而成章，文明的形容。人尽其才，既是人类文明的条件，也是人类文明的表征。

二十　子言卫灵公之无道章

子言卫灵公之无道也，康子曰:"夫如是，奚而不丧？"孔子曰:"仲叔圉治宾客，祝鮀治宗庙，王孙贾治军旅。夫如是，奚其丧？"

领导人精明强干，看似好事，其实不尽然。本来已占地位上的优势，又强人一头，自然容易事必躬亲，或干预甚多，同时也容易使左右部下唯唯诺诺。其实这不是好兆头，毕竟一人之智有限，精力更有限。

领导人不精明强干,甚至不免有点问题,但如能选贤任能,反而是好事。比如卫灵公不行,但他任用的大臣都足以独当一面,因此就不会败亡。

如此讲,并非领导人应该不精明强干,而是说对于领导人而言,选好人、用好人,要比自己显得伟大更重要。

二十一　其言之不怍章

子曰:"其言之不怍,则为之也难。"

满碗饭好吃,满口话难说。"言之不怍",大言不惭,随口荡荡,本来就不想真做;即便讲话时不是违心,但大话要落实,往往也是不可能的。

爱讲大话,看似性格使然,不拘小节,其实多半是虚荣心所致。人前拍胸脯,仿佛风光,但明理的人心里很清楚,不合情理的大话很难做到,风光也只是别人给的虚夸罢了。

个人讲大话,不去理会便是。如遇上政府讲大话,那就不是不理即可。你不理它,它却要来折腾你。大话自然无法落实,但劳民伤财却逃不掉。

二十二　陈成子弑简公章

陈成子弑简公。孔子沐浴而朝,告于哀公曰:"陈恒弑其君,请讨

之。"公曰:"告夫三子!"孔子曰:"以吾从大夫之后,不敢不告也。君曰'告夫三子'者!"之三子告,不可。孔子曰:"以吾从大夫之后,不敢不告也。"

据《左传·哀公十四年》,齐国大夫陈成子弑君,孔子斋戒后上朝请鲁哀公讨伐。哀公认为鲁国久弱于齐国,而孔子分析,陈成子弑君,齐国半数人反对,加上鲁国之力,应有胜算。鲁哀公让孔子请示季孙等三家大夫,因为时已三家当权。孔子去报告,但三家不同意。

孔子解释这样做的理由是因为他曾任大夫,弑君是大变,义当禀告鲁君,而鲁君又让他报告三家大夫,承命而已。据《左传》,亦知孔子行事,并非只管义理不计利害,而是义利兼顾的。

二十三 子路问事君章

子路问事君。子曰:"勿欺也,而犯之。"

不欺骗,但有所冒犯,这是以下事上者应有的理念与行为。欺骗并非全部出于恶意或私意,有时出发点也是好的,但觉得话说得轻了,上司不当回事,便会不自觉地将事夸大,行欺骗之实。这种事做多了,渐成惯习,使自己心志不正,而且久了难免坏事。

直颜冒犯,既是职责所在,义所应当,也是心地光明,坦荡所为。其实上司如开明,自然能明白是下属的忠心。当然,忠言逆耳,可以冒犯,并不等于贸然。同样的一番规劝,如何讲,其实也是学问。

二十四　君子上达章

子曰:"君子上达,小人下达。"

人与人原本相差不大,渐渐地便有了分别。"君子"与"小人","上达"与"下达",或以为见之于名利与地位,其实并非如此,尽管名利与地位也不是非要贬斥。上与下,究其根本,还是个志趣问题。因为志趣不同,惯习也不同,名利与地位只是相应的结果,既非必然,更不是标准。

上与下的转捩处,于人而言,自然是越早越明显,但也不必拘执,以为过了此村就没了这个店。人的志趣转捩,有时就在一念之间。如此看,人对自己,既要有紧迫心,又要有豁达心。

二十五　古之学者为己章

子曰:"古之学者为己,今之学者为人。"

学得知识与技能,自然是可以作为工具来做事的。事做成,又自然得人肯定,名利兼收。但是,天下事又往往不尽然。虽然学得一身本领,但时运不济,也未必能做事,能做事也未必能成事,能成事也未必能得名利。如此,还学吗?

若为学是冲着做事得名利,事无止境,名利更无止境,结果如人沉水,越沉越深。若为学只为成就自己,便要淡定从容许多。学为己,终能有所成物;为人,反至于丧己。此章"为己"与"为人",亦足可为前章"上达"与"下达"作注脚。

二十六　蘧伯玉使人于孔子章

蘧伯玉使人于孔子。孔子与之坐而问焉,曰:"夫子何为?"对曰:"夫子欲寡其过而未能也。"使者出,子曰:"使乎!使乎!"

蘧伯玉是卫国大夫,孔子居卫时住其家,待返鲁,伯玉派使者来访问。使者告知孔子蘧伯玉的近况:努力减少过错而觉得难以做到。使者的话很谦卑,但反衬出伯玉的品质。古人以为,自己贤明,自然是贤明;能派贤明的使者,也是贤明。故孔子称誉这位使者。

《淮南子》记载,蘧伯玉年五十而知四十九年非,可印证此章。《庄子》中讲:蘧伯玉行年六十而六十化。这个"化"字很形象生动,将伯玉描绘成庄子一样的人物,将是与非一起消融,无所固滞。

二十七　不在其位章

子曰:"不在其位,不谋其政。"

此章与《泰伯》"不在其位"章重复。在《泰伯》的解读中,尝从社会分工讲起,说明"不在其位,不谋其政"有经、有权,进而指出许多干政其实出于私,而公共议论又当据于道理。

今另讲《韩非子》里的一则故事。某日韩昭侯喝醉而睡,掌管帽子的侍从怕他受寒,为他盖了衣服。昭侯醒来,知道此事,将掌管帽子的侍从与掌管衣服的侍从一并治罪,因为前者越位,后者缺位。

韩非讲此故事,颇显严酷,但却是实情。职责一旦混乱,一切也就乱了。

二十八　曾子曰君子思不出其位章

曾子曰:"君子思不出其位。"

曾子这话引自《易·艮·象传》"兼山艮,君子以思不出其位",大概是对上章孔子讲"不在其位,不谋其政"表示认同。

八卦之艮,下面两阴爻,上面一阳爻,象征山。八卦两两重叠,成六十四卦,艮卦就是两个艮卦相叠,所以《象传》说"兼山"。山,象征着坚固不动;两山相叠,自然更是牢固。占得此卦,见此卦象,意味着警示自己要固守本分,不要思出其位。

人生似乎无常,守常之道就是安分守己。安分守己并非消极,恰恰是积极做好自己。

二十九　君子耻其言过其行章

子曰:"君子耻其言而过其行。"

古人质实,重践行,厌虚言,言过其行以为耻。言过其行有二:一是做以前夸大其词,二是做以后夸大其词。

在这个问题上,古今似乎变化很大。今人做以前如果不谈美好愿景,项目很难拿到,更不要说风投资金。做以后如果不作完美总结,奖项很难拿到,更不要说披锦戴花。

这样的变化其实也不难理解。孔子讲,"耻其言而过其行"者是君子。君子自然是少数,多数古人还是喜欢言过其行的。多数代表着市场,谈美好愿景,作完美总结,近于市场行为。

三十　君子道者三章

子曰:"君子道者三,我无能焉:仁者不忧,知者不惑,勇者不惧。"子贡曰:"夫子自道也。"

人对自己太多计较,便生出许多忧虑。仁者爱人,自己淡出,便少去许多忧虑。仁者能够体会万物的存在各具性命、各逢时运,忧虑是无用而徒劳的,故乐天知命,没什么可忧虑的。

知者明理,洞悉事物的变化及其原因,故不会为现象的表面复杂所疑惑。勇者秉义直行,视死如归,惧无所生。

孔子自言"四十不惑"、"五十知天命",此章又自谦于此三"不"都未能做到,可知"不忧"、"不惑"、"不惧"皆非易事。子贡以此为孔子的自我写照,又足以令人想象孔子的气象。

三十一　子贡方人章

子贡方人。子曰:"赐也贤乎哉? 夫我则不暇。"

褒贬人物,容易招惹是非,故世人多以为应少议论,最好不议论,甚至以为喜欢议人长短者是不厚道的人。其实,品评人物本身是一件很难的事,非深明事理与人情,往往是难以知人的。子贡"方人",说明他是有水平,相当贤明的。

只是凡事皆有度,而贤明者往往会过度。如果一味喜欢方人,溺于褒贬,用心自然在外,无暇自修,如此便是舍本而逐末。孔子于略赞子贡后,是否完全是赞誉也难说,马上跟进一句,自己是没有这样的闲工夫的,以为警醒。

三十二　不患人之不己知章

子曰:"不患人之不己知,患其不能也。"

此意在《论语》中多处记载,只是文字略同,可见是孔子与弟子们经常谈及的话题,弟子们各有记录。

乱世之中,用人之际,往往不循常规,唯才是举,故也是英雄辈出的时代。能够追随孔子学习,周游列国,自然也是有点本事的,会常常流露出怀才不遇、急于求售的心情。只是乱世需要人才,又是一个大概率,落实到具体个体,则另当别论。孔子虽名满天下,却也难以为每个弟子谋到职位,不免要求弟子们自己多努力。当然,孔子讲的也是事实。

三十三　不逆诈章

子曰:"不逆诈,不亿不信。抑亦先觉者,是贤乎!"

孔子推崇诚敬,不推测别人是否将行诈,也不臆断、不信任别人,但如此并非等于稀里糊涂,不明事理,不识诚伪。以诚待人,而又能事先发觉人的诚伪与否,这才是真正的贤明。诚敬与明智,同样重要,失其明智,则诚敬近乎盲人骑瞎马。

"诚"与"明",在后来儒者那里成为非常重要的议题。人多以为儒学强调道德,重视伦理,"诚"为根本是极容易理解的,而往往忽视"明",尽管《中庸》明确指出"诚"与"明"是一体之两面。事实上,儒学的基本立场是对知性的肯定。

三十四　微生亩谓孔子章

微生亩谓孔子曰:"丘何为是栖栖者与? 无乃为佞乎?"孔子曰:"非敢为佞也,疾固也。"

微生亩大概是位年长德高的隐者,他见孔子终日栖栖劳碌,便问他究竟为什么,是否为了讨好世人。孔子恰相反,不是为了讨好世人,而是憎恨世人的固执,要尽力去唤醒之。

人终究是思想的动物,思想支配行为。同处不良环境,各人选择不同。或逃避,遁世独善;或同流,与世浮沉;或改造,入世图变。只是从行为反推思想,有时又是极不可靠,虽孔子之圣,亦不免为人所误解。故讲:担当身前事,不计身后评。又讲:走自己的路,让别人去说吧。

三十五 骥不称其力章

子曰:"骥不称其力,称其德也。"

才与德是人的不同素质,有的才高德不足,有的相反,当然有的兼备。世人皆求才高,毕竟才高者能成事,但如才高而德不足,又恐恃其才而行不善,如此才愈高而愈有害,故世又以德为重。甚至宁用德高之庸才,不用无德之高才。

只是德的评品,不如才客观,正如马有无骨力容易鉴别,而是否有德非一时能看清。以德的名义埋没毁弃人才的事,古今皆有。但此不足以否定德重于才,只足以说明识人不易。谚云:"有伯乐然后有千里马。"道理恐即在此。

三十六 以德报怨章

或曰:"以德报怨,何如?"子曰:"何以报德? 以直报怨,以德报德。"

《道德经》有"报怨以德",故"或"也许指道家中人。《礼记》也载孔子讲"以德报怨,则宽身之仁也"。当然这并不表示孔子认同"以德报怨",只是说明如此意味着什么。

"以直报怨",该如何即如何,于自己是秉公祛私。若以德报怨,则无以报德,虽是宽厚,对社会却不公。若以怨报怨,于己合情,对人却有不公之嫌。

"以德报德",既对受恩者言,也适用于施恩者。施恩者不求报,但如拒绝报答,个人虽得美誉,但于社会或有害,因为施恩者就会少了。

三十七　莫我知也夫章

子曰:"莫我知也夫!"子贡曰:"何为其莫知子也?"子曰:"不怨天,不尤人,下学而上达。知我者其天乎!"

《史记》将此章置于西狩获麟,孔子叹"吾道穷矣"的语境中,但是否真实,不得而知。

子贡追问为何不为人所知,孔子的回答似自贬,又似自誉,既感慨,又豁达,回味无穷。

人若时运不好,不免怨天;不被人知,不免怪人。如果落到这个田地,还能够不怨天、不尤人,仿佛举世与己无关,如何又能为人所知? 不仅于此,而且能够埋头于平常之事,从中明达事理,不作惊世骇俗之举,自然也不会为人所知,唯己知天知。

孔子之豁达，之淡定，似易实难。

三十八　公伯寮愬子路章

公伯寮愬子路于季孙。子服景伯以告，曰："夫子固有惑志于公伯寮，吾力犹能肆诸市朝。"子曰："道之将行也与，命也；道之将废也与，命也。公伯寮其如命何？"

常言道："尽人事，听天命。"大抵由孔子的思想来的。

公伯寮向季孙毁谤子路，子服景伯告知孔子，季孙听信公伯寮的诋毁，但他有能力让公伯寮陈尸街头。孔子不以为然，他确信公伯寮的毁谤左右不了天命。

天无情志，何来命？命只是自然的道理。道理或被人遵守，或不被人遵守，有废兴之变，但道理总在，非人力能毁。孔子的泰然，来自他对命的确认。他对子服景伯讲这番话，用意大概恰在于告知子服不用担心，同时也是安慰子路，并警示公伯寮。

三十九　贤者辟世章

子曰："贤者辟世，其次辟地，其次辟色，其次辟言。"

人生不可选择的是身外的世界，可选择的是自己的取舍。人总是趋利避害的，只是什么是利，什么是害，各人所见不同。同是害，程度不同,对待方法也不同。

"辟世"最为彻底,干脆隐居。其次"辟地",此处不行,移居别处。再其次避不了地,但可以不见讨厌的人。最后实在是不得已,见面也可尽量少说话。这中间虽有大小程度不同,只是机遇使然,性质是一样的,都是求避。

也不是非要等到危害显现才求避,那时想避已无可能,要看趋势,这就要贤明。

四十　作者七人章

子曰:"作者七人矣。"

此章本与上一章合在一起,朱子将它分开,别起一章,想来是因单独有"子曰",并无他意。但内容显然是接着上一章的求避而来的,真正求避的人有七位。

究竟这七人是谁,不得而知。《微子》篇"逸民"章列举了伯夷、叔齐、虞仲、夷逸、朱张、柳下惠、少连七位隐循者,是否即是"作者七人",也难确定。如果一定要将此七人坐实,其实也不免穿凿了。

从上章列举求避有四种情况,而真能被孔子认定是隐居者仅七人,可见真正的隐者是极少的。

四十一　子路宿于石门章

子路宿于石门。晨门曰:"奚自?"子路曰:"自孔氏。"曰:"是知其不

可而为之者与?"

一位看门人,能够如此清楚地知道孔子是"知其不可而为之"的人,说明孔子广为人知,也说明这位看门人不是寻常人,想来也是一位隐者。

"知其不可而为之",这几乎是一种带有悲剧性的人生。选择这样的人生,或许只有肩负某种历史道义与责任者堪能胜任,而且要胸怀豁达,心境高远。

在孔子看来,也许人间并没有不可为之时。人既无法彻底逃离人世,则无论现实有多么不合人意,人总须去做些事,既是成己,也是成物。至于能否改变社会,则听天命。

四十二 子击磬于卫章

子击磬于卫,有荷蒉而过孔氏之门者,曰:"有心哉,击磬乎!"既而曰:"鄙哉,硁硁乎!莫己知也,斯己而已矣。深则厉,浅则揭。"子曰:"果哉!末之难矣。"

孔子在卫国击奏乐磬,一个背草筐的人路过,竟能从磬乐中听出孔子的心绪,可知又是一位隐居高人。

不仅于此,这位高人还告诫孔子,无人知晓你,就算了。固执纠结于心,就浅陋了。他引《诗经·邶风·匏有苦叶》中的"深则厉,浅则揭",让孔子行事要干脆,水浅就撩起衣裳过去,水深撩衣裳没用,就穿着过去算了。

道理是这个道理,但各人情况不同,并非每个人都可以这样干脆的。也许这正是选择隐居还是改变的原因吧。做事岂能如此干脆!

四十三 子张曰书云章

子张曰:"《书》云:'高宗谅阴,三年不言。'何谓也?"子曰:"何必高宗,古之人皆然。君薨,百官总己以听于冢宰三年。"

《尚书·无逸篇》载,殷高宗即位,服三年丧,不讲话。子张问这是什么意思,孔子解释,不仅高宗,古人都如此,君王去世,继位者服丧三年不履政,百官各司其职,听命于宰相。

孔子这样解释,子张或当时的人就理解了,但后世则不免有惑,国不可一日无君,新君怎可三年不履政?后人更作阐明,天子虽贵,亦是人子,行孝一样,不忍心于君位,虽即位仍称子,而国事由宰相总理。后世天子服丧,以日代月,算是一种改革,仪式简化,精神一贯。

四十四 上好礼章

子曰:"上好礼,则民易使也。"

传统中国是礼制社会,法则是底线。相比于法的刚性,礼要软很多,礼制要真正起作用,必须由社会中的成员自觉履行。如果天子不守礼制,率意违反礼规,则上行下效,整个社会必日趋失序。

即便是现代法制社会,虽法律面前人人平等,居上者的带头守法仍然是非常重要的。居上者都是有权力的,如果自己恃权违法,让居下者守法,居下者虽迫于威权而无奈,但内心是难以接受的,社会也终将因此失序。

礼与法虽有不同,但欲行之,道理是一样的。

四十五 子路问君子章

子路问君子。子曰:"修己以敬。"曰:"如斯而已乎?"曰:"修己以安人。"曰:"如斯而已乎?"曰:"修己以安百姓。修己以安百姓,尧、舜其犹病诸!"

敬虽是呈现在对人对事上的精神状态,但也是修饬自己的根本,而且,唯有以敬修己,才能真正以敬待人待事。敬是一种总的状态,可以说是认真,是严谨,是真诚,等等,但反过来讲就不妥,因为那就把敬说窄了。

因为敬是一种总的状态,所以孔子讲君子"修己以敬"时,其实已把话说尽了。子路所以追问,是他以为除了这一精神状态外,总还有更具体的事项、方法或路径。如要论及具体东西,天下之大,又岂能尽知?真的遇到未知,也只有以敬面对。

四十六 原壤夷俟章

原壤夷俟。子曰:"幼而不孙弟,长而无述焉,老而不死,是为贼!"

以杖叩其胫。

孔子当然尊老,但"老不死"这句今天骂老人的话,竟出自孔子对原壤的斥喝。

原壤大致是信奉道家的人,母亲死了还唱歌,根本不遵礼俗,他接待孔子,便蹲坐着。孔子以杖轻击他的小腿骨头,骂他从小不安分,大了不成事,老了还不死,完全是个祸害。

孔子这样痛骂原壤,一来原壤显然是孔子很熟的人,可以这样棒喝,二来孔子已用拐杖,也许比原壤年长。仔细体会孔子的话,尊老固是应该,但老者亦当像样。切不可自幼至壮不为好,老了还不改。

四十七　阙党童子将命章

阙党童子将命。或问之曰:"益者与?"子曰:"吾见其居于位也,见其与先生并行也。非求益者也,欲速成者也。"

孔子的居处叫"阙里",即此章的"阙党",有一位未成年人在传递信息,有人以为这孩子求上进,孔子喜欢用他。其实不然。孔子见这孩子坐在成年人的座上(按礼是不行的,只能站着或坐在座位边上),又见他与年长者走路时并行(按礼应稍退后一些),知道他不是一个求上进而是急于求成的孩子。因此孔子让这个孩子做些接待,意在让孩子在接待中学习礼规。

旧规矩或不适用于今,但规矩永远有。不守规矩,想绕过许多过节,急于求成,多半欲速而不达。

卫灵公第十五

君子义以为质,礼以行之,孙以出之,信以成之。

卫灵公第十五

一 卫灵公问陈章

卫灵公问陈于孔子。孔子对曰:"俎豆之事,则尝闻之矣;军旅之事,未之学也。"明日遂行。在陈绝粮,从者病,莫能兴。子路愠见,曰:"君子亦有穷乎?"子曰:"君子固穷,小人穷斯滥矣。"

孔子固知兵之重要,故曾有"足食足兵"之说,但他显然不喜欢国君热衷于此,故卫灵公询问军旅之事,他就谢绝回答,声明只研究文明之礼仪,甚至次日即行,结果在陈国绝粮。

据说孔子师徒七日断粮,以野菜为生,孔子颜色憔悴,学生卧病不起,而孔子弦歌鼓琴不绝。子路颇不高兴而出讥讽之语,孔子告知,此正是锻炼人的时候。

"君子固穷",有二解:一是君子遇穷困时应当固守;二是君子固然也有穷困之时。后者是写境,前者是造境,二者可以合一。

二 子曰赐也章

子曰:"赐也,女以予为多学而识之者与?"对曰:"然,非与?"曰:"非也,予一以贯之。"

"一以贯之"的说法,在《里仁》"子曰参乎"章中已提出。只是《里仁》中与曾参所言重在行,此章与子贡所言重在知。子贡是孔门中博学多识的弟子,孔子要他一以贯之,而不要泛滥无归。

事物无数,知识无穷,若不能得其根本,有所关注的问题,所谓的知识便只是一地散钱。但是所谓根本与问题,又必须基于广博的知识,否则好比只有一根线,没有钱,也无从串起来。只求博学,失其头脑;只求一贯,遁入空洞。只是高明与否,似又在能否一贯。

三 子曰由章

子曰:"由!知德者鲜矣。"

孔子为什么对子路发这么一句感慨,语境已不得而知。但这话本身,却揭示了显见而未必真有体会的事实。

"德",是道理见于心,得于己。现代资讯之发达,已非古人所能想象,但是知道很多,却未必有多少是属于揭示事物的道理的。知德者终究是极少的,而能秉德者恐怕更是少之又少了。

资讯的发达,每天知道很多,不仅无益于知德,而且更可能阻碍对德的获知,因为耳目充塞,心智难开,道理无法获得。知道原本应是知"道",实际却只成了知晓。

四 无为而治章

子曰:"无为而治者,其舜也与!夫何为哉?恭己正南面而已矣。"

"无为而治"是老子的理想政治,但似乎也是孔子的理想。实现这一理想的,孔子认为只有继承了尧、又传位给禹的舜。

为什么?一是因为尧奠定了好基础,如《春秋繁露》讲,大纲、人伦、道理、政治、教化、习俗、文义都不必改;二是舜举贤任能,如《大戴礼记》讲,"左禹而右皋陶,不下席而天下治";三是舜整饬自身,端坐王位,即孔子讲的"恭己正南面"。

三者之中,一非自己能求,二为政务所需,唯独三是君王的自律。有权任性自律难。孔子独举此,想来是有道理的。

五 子张问行章

子张问行。子曰:"言忠信,行笃敬,虽蛮貊之邦,行矣;言不忠信,行不笃敬,虽州里,行乎哉?立则见其参于前也;在舆则见其倚于衡也。夫然后行。"子张书诸绅。

讲话忠诚守信,做事沉稳认真,不管到哪里,都是可行的。反之,行得通是偶然,行不通是必然。

子张请教"行",其意在外,求通达。孔子的回答却在内,求修身。这是重要的方法与方向的区别。向外求通达,各种情况,千变万化,怎么讲得清?又怎么学得尽?即使讲清学尽,临事又怎么一定用得上?向内求修身,看似虚,其实是真实可靠。

"忠信"与"笃敬",如能站立时竖在眼前,坐车时横在眼前,则时时提醒。子张将它写在自己的衣带上,便要如此自勉。

六　直哉史鱼章

子曰:"直哉史鱼!邦有道,如矢;邦无道,如矢。君子哉蘧伯玉!邦有道,则仕;邦无道,则可卷而怀之。"

史鱼与蘧伯玉都是卫国的名臣。史鱼耿直,无论何种情况,皆犯颜直谏,甚至临死尚叮嘱儿子要以尸谏,故孔子称其直如矢。

相比之下,蘧伯玉内直外恕,没有像史鱼那样,一味强谏。国家政治清明,蘧伯玉就出来做事,政治昏暗,他便隐身而退,曾几次遇乱局而退出。

虽然对史鱼与蘧伯玉都高度肯定,但在两人之间,孔子似乎更欣赏蘧伯玉。后世亦有因蘧伯玉不讨贼而对他加以苛责,但孔子显然更强调忠恕并重,人力难以胜任之事,应以恕道理解。

七　可与言而不与之言章

子曰:"可与言而不与之言,失人;不可与言而与之言,失言。知者不失人,亦不失言。"

待人接物,讲话第一。什么话该讲,什么话不该讲,千规定,万要求,其实只是一条,因人而异。谚云:"见了真佛要烧香。"讲话也一样。

见了该讲话的人而不讲话,当下便失之交臂。当然,见了不该讲话的人也讲话,那就是失言。

这个道理似乎是显而易见,但区分失人与失言,有时并不清晰。因为通常强调的多在慎言,不自觉地就将讲话凸显了出来,而区分出失人与失言,便将慎言的认识进一步地细分了,并且将慎言的实质指向了知人。知人是根本。

八 志士仁人章

子曰:"志士仁人,无求生以害仁,有杀身以成仁。"

生与死是人莫大的事情。按常情,好死不如赖活。但据《吕氏春秋·贵生篇》,生死可分为四等,全生为上,亏生次之,死次之,迫生为下。死要比强迫活着好。

生之全、亏、迫,就人的感受的全与亏而言。人有五官以及精神感受,即七情六欲。人活着,如这些都满足,便是全生;有些满足有些不能满足,便是亏生;迫生则是人的感官与心智有无法承受而又被迫活着时,便是生不如死。

比如有人说:"不自由,毋宁死。"在孔子,若害仁义,生不如死。

九 子贡问为仁章

子贡问为仁。子曰:"工欲善其事,必先利其器。居是邦也,事其大夫之贤者,友其士之仁者。"

凡事都有方法与路径,人的精力都是相近的,路径对,方法好,自然事半而功倍。仁虽是抽象的品德,不是具体的东西,但要成就它,同样有方法与路径。仁成就于人群中,故选择怎样的人共事与交往就是很重要了。

人与比自己弱的人相处,自我感觉往往更好,但却学不到什么,长进不大。甘于给贤者做下手,与仁者做朋友,虽然可能觉得拘谨,但却是提高自己的好路径与好方法。仁者的成就固然需要在道理上有所认知,但终究以践行中体会更亲切。

十　颜渊问为邦章

颜渊问为邦。子曰:"行夏之时,乘殷之辂,服周之冕,乐则《韶》舞。放郑声,远佞人。郑声淫,佞人殆。"

治理国家孔子多有阐明,此章意在制度。

"行夏时"、"乘殷辂"、"服周冕"、"乐《韶》舞",看似这里取历法、器物,那里取礼乐,只是配凑,其实彰显了孔子在制度上的开明,择善是从,既不轻视,更不抱残守缺。

制度有建有毁,"夏时"、"殷辂"、"周冕"、"《韶》舞"是建构部分,"郑声"、"佞人"是毁弃部分。建构的标准在正、实、中、尽善尽美;毁弃的原因在乱、伪。

或以为儒家重人治,不尚制度,其实大谬。读此章,足见孔子重人而不废制度,制度建废及其标准甚明。

十一 人无远虑章

子曰:"人无远虑,必有近忧。"

骑车或开车,如只盯着车前那块地,不远看,这车是没法骑、没法开的。车是在动的,只看眼前,车往前行,人便来不及把握,会失控。

万事皆变,人永远处在流变之中,而且人自己也在变化。如果对自己与事物的变化毫无预知,临变就难以把握,犹如车失控一般。

这道理极平常而常忽视,是因为人囿于眼前利益。明知还有长远利益,但仍然只取眼前,这便是急迫。变化有其过程,有其规律,急功近利其实也是无视过程与规律,说到底也是不明智。

十二 子曰已矣乎章

子曰:"已矣乎! 吾未见好德如好色者也。"

"好德"与"好色"的故事,已见于《子罕卷九》。此章保留了"已矣乎",形象地记录了孔子讲这话时的情绪,比较激动。

人的修身与天性究竟应该是怎样的关系,孔子这里并没有作出说明,但却成为后来儒者论说的一个重心。最著名的就是《大学》讲"诚意"时,引"好好色"与"恶恶臭"为喻。

儒家宗旨是人如何修身成己,社会如何公正文明,而基础恰在体认人的天性,方向在顺应人的天性。"好德"与"好色"彰显了修身与天性的差距,后儒便希望人体认天性来修身。

十三　臧文仲其窃位者章

子曰:"臧文仲其窃位者与!知柳下惠之贤而不与立也。"

柳下惠是鲁国的贤明大夫,姓展名获,因食邑柳下,谥惠,故人称柳下惠。臧文仲是鲁国权臣臧孙氏,总理大事,权倾朝野,骄逸跋扈,却又嫉贤妒能,不任用柳下惠。

位高权重者,自己固然应做事,但更重要的是举任贤才,故评价政治人物的高明与否,固然看他自己的表现,但更重要的是看他选用了哪些人。

孔子始终非常在乎团队的作用,这也许是他仁学的一个具体贯彻与体现。注重团队,并非抹杀领袖的意义,领袖的意义正在于他组建好的团队。

十四　躬自厚章

子曰:"躬自厚而薄责于人,则远怨矣。"

谚云:"求人不如求己。"求人者,易责人,没有人喜欢被人责备,故一定会引来抱怨。当然,也有不求人而责人者,那也一样令人烦厌。

古人讲,以仁治人,以义治己。凡事对人要从宽看,不要事事求全责备。对自己则要严格,尽心尽力做好事情。

人际交往如此,然而团队管理呢?现代管理似乎更注重象征规则或契约的义。仁作为表征友善的精神存在,难以把握与操作。但是,许多工作专业性很强,而且如平常所说,恰恰是良心活,以规则论,也很难。

十五 不曰如之何章

子曰:"不曰'如之何,如之何'者,吾末如之何也已矣。"

做事都是不容易的,做成事就更难了。许多事,纸上谈兵似乎都是能行的,但做起来就不是那么一回事。一切都在变动中,纸上谈兵往往会忽略变化的因素,而且,事情不做尚未知,一旦开做,因动生变,往往出乎意料。所谓创业难,可想而知。

做事虽难,人总还是须做事。只是凡做事,就当尽量多思考,事前多谋划,事中多把控,事后多总结。多想几个怎么办,固然仍不免失算,但终究要好了许多。

若行事不经思考,率意妄行,虽圣人也无可奈何。

十六 群居终日章

子曰:"群居终日,言不及义,好行小慧,难矣哉!"

人是群居动物,居在一起,东聊西聊,本身就是一种乐趣,也是人活着的重要方式。如今有了网络,更可以在虚拟世界中群居闲聊。平时聊天未必留意,网上聊天有记录,如果试回头看一下,其实聊的多半是废话。

聊天无可厚非,但如做事,便很费时间,且话不及义,有时还会聊出事端。更有甚者,于聊天中弄点小聪明,投机取巧,搬弄是非,那就成事不足,败事有余了。

现在的很多会议,虽然未必"行小慧",但与"群居终日,言不及义",还是极相似的。

十七　君子义以为质章

子曰:"君子义以为质,礼以行之,孙以出之,信以成之。君子哉!"

怎么才能成事?孔子给出了四个关节点:

首先要合乎道理,这是根本前提。没道理的事,如何折腾,终是不成。许多创新,看似不合常理,细细研究,其实符合更深层的道理。

其次要有条理,这是基本路径。一件事可做,但先做哪个环节,大有讲究。次序颠倒,好事情也做砸。

再次要理顺关系,这是重要方法。一个人没法做成事,做事要靠大家,只有谦虚才能聚集人。没有人,一切空谈。

最后要有始有终,这是基本保证。守信不仅对人,也是对己。

十八　君子病无能章

子曰:"君子病无能焉,不病人之不己知也。"

常言道,机会总是给有准备的人。所谓有准备,当然是一个不那么明确的说法,包括了许多内容,但其中最重要的无疑是自己的能力。

能力又是一个非常不确定的说法,可以指这或那,天下又无一人是无所不能的全才,故人不免以此自慰。以此自慰未必不可,事实上也是必要的,但因此转而抱怨世道对自己薄恩寡义,怨天尤人,则又不免于烦人烦己。

孔子反复叮咛弟子们要自己努力,增强能力,虽是勉励之语,甚至不免是宽解之语,但讲的也是真理。

十九　君子疾没世而名不称章

子曰:"君子疾没世而名不称焉。"

人皆有名,被人知与不知,另当别论。人也总希望被人知,即便做了和尚,真名隐没,却还是取了僧号。孔子讲,君子担心死了还不被人知。可见努力做名人,古人已如此。只是今人尤甚,还催生了专门博名的行业。

名,又有真伪之分。人固求名,但欺世盗名,最终是一恶名。实立而名从之,非名立而实从之。贵名,其实是贵实。

名虽应当从实,但名既与实分列,人便会求名而不务实,并陷入一味好名之中。自己不自觉,世风又助长,结果为名所累。

二十　君子求诸己章

子曰:"君子求诸己,小人求诸人。"

同样的意思,《论语》中多有记载,可知求人与求己是孔子教育中的核心话题,"反求诸己"后来也成为中国文化心理结构的重要特征。

求人与求己,表面上看只是一个日常要求,但实质上却是孔子对人的生命存在的主体性的自我确认与确立。人的主体性包括权利与义务诸方面,但归根到底,人的主体性由人的义务的自我赋予而获得、建立。而且换一角度,赋予自我以义务,这也正是人的权利的获得,因为人的最大权利莫过于人对自我生命的主体性的追求。

二十一　君子矜而不争章

子曰:"君子矜而不争,群而不党。"

自己持重,有所把守,就不会太热衷于争执,也不会生太多乖戾之心。相反,凡事计较,人便自轻了,久之易偏狭。《尚书》讲,不矜细行,终累大德,就是此意。

矜持又不可太过。矜持不是病,太过则拒人于外,自视甚重,这又不免是病了。

人没有太多私意,秉公心而言行,自然能够豁达对待与自己言行不同的人,能与人和合相处。反之,有太多私意,便会拉帮结伙,以壮声势,以谋私利。但"群而不党"彰显的是公心与自立自足,并非无原则的乡愿。

二十二　君子不以言举人章

子曰:"君子不以言举人,不以人废言。"

用人与否,主要看德与才。言,当然也是才的重要组成,但仅此就不够了。古人质实,更偏向于做事的才干。

言较行似乎为轻,但换一角度,又并非如此。人的思想终究先见之于言,尽可能听到各种声音,无疑是明智的。

人微言轻,居高声远,又是常见的事。真能做到不以人废言,其实很难。究其原因,也许是人们潜意识中觉得,人既有高的身份,自然有更多学识与阅历,讲出的话自然会比常人更具有真理性。这也无可厚非,但过于迷信,便是问题。

二十三　子贡问有一言可以终身行之章

子贡问曰:"有一言而可以终身行之者乎?"子曰:"其恕乎! 己所不

欲,勿施于人。"

《颜渊》篇"仲弓问仁"章已提出恕道,此章更作申明。

孔子仁学的宗旨在唤醒人的生命的主体性,尊重人的主体性成为人的底线,核心是不把自己的意志强加于人。能够尊重人,也易得人尊重,至少最大可能地免于招惹麻烦。故古人讲,功及子孙,光辉百世,圣人之德,莫美于恕。

恕道看似消极,其实包含了积极。能够尊重人,必定是首先能尊重自己。尊重自己,这就是忠了。故朱子强调,分开讲是忠恕,有忠后恕,但如只讲恕,恕是包含了忠的。

二十四 吾之于人也章

子曰:"吾之于人也,谁毁谁誉?如有所誉者,其有所试矣。斯民也,三代之所以直道而行也。"

毁誉不同于是非。与实情相合,称是非;不相吻合,过头了,是毁誉。孔子强调不随便毁誉人,如果真要称誉,也应有事实根据,毁人是绝不做的。誉终是让人好,毁则是让人坏了。

尤有意味的是"斯民"以下这句话。为什么不毁誉人?因为三代之民就是秉持直道而行的。那古人能如此,今人为何不能呢?因为政治昏暗。人的本质是一样的,政治的昏暗使人随口毁誉,虚言枉道。故古人强调,民不可换,可换的是官;土地就是这块土地,要换的是政府。

二十五　吾犹及史之阙文章

子曰："吾犹及史之阙文也。有马者借人乘之，今亡矣夫。"

古人记录历史，信则信，疑则疑，史料不足，就阙文待补，不臆造。

"有马者借人乘之"，解释有点麻烦。字面意思很清楚，有马的人把自己的马借给别人用。但这与上句太不相关，故或以为是比喻，自己将尚未调驯好的马托付给人用，就像史料不足时史官付诸阙如，都是古人朴素而真实的做法。

前人也曾讲不必强解，但求把握大义。此章总的精神是孔子感慨朴实传统的丧失，世风日趋虚浮；尤其是他尚能见到传统，而又眼见它消失，改变之快令人心惊。

二十六　巧言乱德章

子曰："巧言乱德。小不忍，则乱大谋。"

德是对道的把握，真正的认识往往朴素简明，有时甚至让人不那么喜欢。人有所好所恶，如果在表达言辞上能够巧妙地投人所好，避人所恶，听者自然容易并乐意接受，而忽略其真理性。

谋大事，必有付出。不忍小的付出，而想谋大事，实在是难的。所谓付出，对人而言，不外是物质与精神，更甚者便是时间与生命，比如，吝财不忍弃,自尊不忍辱,恋情不忍割,惜时不忍耗,贪生不忍舍……当然,财、名、情、时、命,大小都是相对而言的,实难一概而论。

二十七 众恶之章

子曰:"众恶之,必察焉;众好之,必察焉。"

人都有长处,有不足,如果众口一词地称誉一个人,或者诋毁一个人,都是违背常理、不足以信的。遇到这样的情况,应该作认真观察,才可以下判断。

"众口铄金"的事还是很多的。有些自然形成,一个人最初树立了好形象,被人说好,渐渐地大家都跟着说了。有些却是有人故意这样做的,为了抬举某人,刻意加以树立。"积毁销骨"的事也一样。

知人,应如孔子所言,不仅听,更要观察。做人,还是要反求诸身,自树形象,尽量避免落到积毁销骨的惨状。

二十八 人能弘道章

子曰:"人能弘道,非道弘人。"

地上本无路,人走多了,便有了路,道路是人走出来的。天地无心,人为天地立心,若无人,天地只是无相关的存在。

一旦有了路,人自然且应该循路前行。只是走久了,会忘记这路原本是前人走出来的,今人应该接着拓路。更为甚者,路有正道与歧途,因为见是路,便一味硬着头皮走,或走上了歧路,也一条道走到黑。

路走久了,也会坏,常年失修,便无法走。路又宜宽,不仅可以自己独行,也能接引别人同行。即便是自己走,路宽了也能方便回旋。

二十九　过而不改章

子曰:"过而不改,是谓过矣。"

虽圣人也是人,人皆难免有过。有过不改,遂成祸患。

冰冻非一日之寒,凡事都有过程,过错也是如此。一过发生,起初往往甚小,或知之不当回事,坐观其大;或知之而加掩饰,而掩饰者往往又是有问题的,以过掩过,掩耳盗铃,至一发而不可收拾。

明智者应知发生过错实不可免,或有客观的局限,或有主观的原因,及时发现,及时纠正,实是关键。发现与纠正,不仅是主观的精神状态,而且更应是客观的处置机制,唯此,才足以真正知过而改之。

三十　吾尝终日不食章

子曰:"吾尝终日不食,终夜不寝,以思,无益,不如学也。"

这当然不是说不必思,而是思应当基于学。孔子少小贫贱,一辈子也是辛苦过来的,大抵什么事都曾经用心做过,有着许多切身的感受。此章所记便有这样的性质。

不吃不睡地想某件事,仿佛是一件事硬要去做,全不管有无可能。这样硬来的事情,其实往往是做不成的,思来想去终也是无益的空想。

遇到事情,还是要谦虚为怀,放下急迫必得的心志,从学习入手。学习可以有个模本,让人能从中对事情有所了解与把握,进而找到解决问题的路径与方法。

三十一　君子谋道不谋食章

子曰:"君子谋道不谋食。耕也,馁在其中矣;学也,禄在其中矣。君子忧道不忧贫。"

摆脱贫困,这是人的基本诉求。但贫困能否摆脱,并非取决于人的意志,而取决于人的努力是否合乎道理。曾经的大炼钢铁、人民公社,无不想摆脱贫困,结果却正相反。

贫困得以摆脱,既要合乎道理,又必须通过一定的工具。只是世事往往此一时,彼一时,曾经使贫困得以摆脱的工具,后来也可能无用了,工具本身的作用是会变化的。关键还是在于合乎道理。

孔子三句话,一阐明观点,二作出论证,三表达关怀。后一句递进前一句,又补充前一句。

三十二　知及之章

子曰:"知及之,仁不能守之;虽得之,必失之。知及之,仁能守之。不庄以莅之,则民不敬。知及之,仁能守之,庄以莅之,动之不以礼,未善也。"

孔子以"知"作为"知"、"仁"、"勇"人格的基本要素与基础,以求仁为目标与归宿。如果失其目标,不能坚守求仁,"知"虽然曾经拥有,但最终仍会失去。

仁者不唯成就自我,且在成就事业。要做成事,仅凭自己是不可能的,非集众人之智与力不可。集众人之智与力,就必须以庄重的精神状态来对待仁,如此才可能感召众人。

精神的状态有时又是模糊的,恰好的庄重很难把握,最好能有客观参照,那就比较容易做。制度化的礼就起到这个作用。据礼以行仁,容易靠谱。

三十三　君子不可小知章

子曰:"君子不可小知而可大受也,小人不可大受而可小知也。"

有的人虽然不太知道许多事,但却足以承担重任,有的人正相反。这种差别既有先天因素,也有后天因素。先天因素很难改变,比如让老虎去捕老鼠，就不免荒唐。后天因素可以改变，但不容易，故教育要因材施教。

即便进行了教育，人的先天因素终究仍有保留，并总是呈现出来，故不拘一格、知人善任，就非常重要。用了一个人，也应相应考核，不宜什么都要求。今日大学聘教授，恨不得是个全能的人。能研究，善教学，懂服务，甚至还会理财务。

三十四　民之于仁章

子曰："民之于仁也，甚于水火。水火，吾见蹈而死者矣，未见蹈仁而死者也。"

人的生命与生活离不开一些必须的东西，比如水火，比如仁。水火管肉身，仁管心。这话看似玄妙，其实极平实。谁真能离开社会独自活着？既不能，也没有。当然，不以仁为心，甚至自戕仁心者亦有，但那便是心有病了，至少不够健康。

有趣的是，同样是人的生命与生活不可缺少的、用来滋养肉身的东西，比如水火，有时会杀生；而用来滋养心的仁，是永远不会害心的。但吊诡的是，人对于有益而无害的仁，却经常丢失，甚至失而不知，知而不求。

三十五　当仁不让于师章

子曰："当仁，不让于师。"

仁是人自己拥有的东西,不需要与任何人去争。自己承担仁时,便承担,无需推脱,虽师长在侧亦如此。

行仁,本是自己内在的需要,但呈现于事时,客观上可能会带来荣誉,甚至利益。人可能因为顾及这种结果,在应当自己承担起仁的义务或责任时,作出谦让的选择,但其实当仁不让原本就是重在动机,而非结果。

如果重在结果,则行仁可能得誉,也可能相反,甚至丧身。虑及名利,当仁而让;面对困难,甚至灾祸,也会避让,且以谦逊的名义。

三十六　君子贞而不谅章

子曰:"君子贞而不谅。"

"贞"与"谅",在表现形式上是很相似的,都是执着守信,但前提却大不同。"贞"之坚固基于正,"谅"之执信则往往罔顾是非。

人无信不立,但守信本身仍然只是外在的形式,唯有据于正,守信才不失其意义。

但怎样才算正?谁来掌握标准?有时有相对客观的依据,有时却又没有,尤其是在大变动的时代。因此,知仍是基础,仁仍是宗旨。没有知,不足以明正;没有仁,根本就失其方向。

"谅"在《论语》又有不同用法。"匹夫之谅"、"贞而不谅",是贬义;"友谅",是褒义。

三十七　事君章

子曰:"事君,敬其事而后其食。"

担任公职,应先尽心尽力做事,而后考虑报酬。如果心里想的是如何敛财,往往适得其反。

《国语·楚语》载:楚成王每次要给令尹子文俸禄时,子文就逃,成王不给了,他才肯任职。有人问子文:人活着都求富,你却逃避,为什么? 子文回答:从政是为了庇护百姓。百姓很苦,我却富了,这是用百姓劳苦来换取自己的富,不知哪天就会死了。我不是逃富,而是在逃死。后来许多权臣的家族都被灭了,唯子文的后代还在。这样的事例,这几年也很多。

三十八　有教无类章

子曰:"有教无类。"

人皆有受教育的权利,这在今天已人人皆知,在孔子时代则是极开明的观念。即便今日已成常识,且受法律保护,但真落实仍不那么简单。无数规则都在将人分出种种类别,有些可以接受教育,有些并不那么容易。

人与人的确有所不同。才情不同,品性有别,身份更是显性标签,但这些都不足以成为受教育的障碍。《荀子》中记载有人问子贡,为什么孔门弟子如此混杂?子贡讲,这正如良医之门往往病人很多。孔子是正身以待,来者不拒,去者不止。

三十九　道不同章

子曰:"道不同,不相为谋。"

虽说谋事做事,务须集众力,但如不能齐心协力,则人多又恰只是乌合之众,不坏事已是万幸。

人是思想的芦苇,人的言行无不受制于自己的思想。人的思想常常呈现为价值取向,价值取向决定人的言行,而又决定于人的认识,关于外在的认识,关于自我的认识,关于历史的认识。

认识不同,虽然也可以因为某种机缘而共同谋事,但终难长久,而且也颇费心力。若非不得已,实不必硬扯在一起,各从其志就行了。只要还是正当的,也大可乐观其成。

四十　辞达而已矣章

子曰:"辞达而已矣。"

说话是为了表达,但说话要能表达清楚,却又很难。

语言指陈的事物,有表象,有隐于表象的道理。描述表象,虽有具体物象可借助于眼睛,但落在语言,终不容易;陈述道理,无相可借,自然很难。言说如是陈情,情虽因物生,却变化莫测又细微,语言更显无奈。

语言因其难以表达清楚,故人穷其所能以言之,话讲得越来越多,越来越长,越来越华丽,越来越复杂。这固然是不得已,但却也容易让人流连于语言而忘记言说的本来目的只在于"辞达"而已。

四十一　师冕见章

师冕见,及阶,子曰:"阶也。"及席,子曰:"席也。"皆坐,子告之曰:"某在斯,某在斯。"师冕出。子张问曰:"与师言之道与?"子曰:"然。固相师之道也。"

孔子尊重人,尤其是尊重残疾人,此章刻画出非常亲切的典范。

盲人师冕来访,孔子引他进屋。到台阶,便提醒他这儿是台阶;至坐席,便告知他这儿是坐席;待坐定,又一一告知他,这位是谁,这位是谁。师冕走了,子张问孔子,这便是接待盲人的方式?孔子给予了肯定的回答。

一切都很自然,并没有什么特别的讲究,但几乎每个细节无不设身处地考虑到。儒家待人接物最基本、也是最重要的原则,将心比心,推己及物,此章呈现得很清晰。

季氏第十六

益者三友,损者三友。友直,友谅,友多闻,益矣。友便辟,友善柔,友便佞,损矣。

季氏第十六

一 季氏将伐颛臾章

季氏将伐颛臾。冉有、季路见于孔子曰:"季氏将有事于颛臾。"孔子曰:"求!无乃尔是过与?夫颛臾,昔者先王以为东蒙主,且在邦域之中矣,是社稷之臣也。何以伐为?"冉有曰:"夫子欲之,吾二臣者皆不欲也。"孔子曰:"求!周任有言曰:'陈力就列,不能者止。'危而不持,颠而不扶,则将焉用彼相矣?且尔言过矣。虎兕出于柙,龟玉毁于椟中,是谁之过与?"冉有曰:"今夫颛臾,固而近于费。今不取,后世必为子孙忧。"孔子曰:"求!君子疾夫舍曰欲之而必为之辞。丘也闻有国有家者,不患寡而患不均,不患贫而患不安。盖均无贫,和无寡,安无倾。夫如是,故远人不服,则修文德以来之。既来之,则安之。今由与求也,相夫子,远人不服而不能来也;邦分崩离析而不能守也;而谋动干戈于邦内。吾恐季孙之忧,不在颛臾,而在萧墙之内也。"

颛臾是先王封的鲁国附庸,先王封,不应伐;在鲁域,不必伐;季氏非国君,无权伐。

冉求推脱责任,孔子先引前人有能力就尽职、无能力就止步的话,再以关着的老虎与野牛逃走、放在盒中的龟与玉被打碎为例,说明他俩失职。冉求又以颛臾强大将危及季氏子孙为由狡辩,孔子进而阐明"均无贫,和无寡,安无倾","远人不服"以"修文德"感召,"既来之则安之"的治国理念,指出祸在内不在外。

"不患寡"与"不患贫","寡"与"贫"或应互换。"萧墙"比喻屏风,"萧"形容肃敬。

二 天下有道章

孔子曰:"天下有道,则礼乐征伐自天子出;天下无道,则礼乐征伐自诸侯出。自诸侯出,盖十世希不失矣;自大夫出,五世希不失矣;陪臣执国命,三世希不失矣。天下有道,则政不在大夫。天下有道,则庶人不议。"

国家的制度与军事应统领于国家元首,一方诸侯或大臣,甚至家臣不可擅越专权,否则国家将不得安宁而陷于动荡。《中庸》讲:"虽有其德,苟无其位,亦不敢作礼乐。"便是此理。

国家陷入动荡,强者比弱者虽可维持久一些,但失其正当性,终究要垮掉。"十世"、"五世"、"三世",虽只是个约数,但其用意就在强调政治运行的正当性。

"庶人不议",并非以强权暴政箝其口,使人不敢言,而是天下清平,政治稳定,百姓安居乐业,没有人会一天到晚去议论政治。

三 禄之去公室章

孔子曰:"禄之去公室五世矣,政逮于大夫四世矣,故夫三桓之子孙微矣。"

此章与前章似乎本是一章,专以鲁国的历史以证前言。

当时的鲁国,孔子算起来,自国君失其政,恰好五世;大夫擅权,也已四世;现在政权已旁落到季氏的家臣阳虎,故季氏等三家大夫的气数也将到头了。

古人坚信凡事都有支撑其运行的能量与动力,这个能量与动力是有限度的,俗称"气数"。气数消尽,其事则亡。人的行为如果顺乎事物的运行准则,就能尽其气数,反之则销削之。虽说凡物有生皆有灭,但尽其天数才是好的,反之终是自作孽的行为。

四　益者三友章

孔子曰:"益者三友,损者三友。友直,友谅,友多闻,益矣。友便辟,友善柔,友便佞,损矣。"

无论什么人,都须有朋友,而择友很重要。良朋益友与狐朋狗友,结果自然大不同,所谓"近朱者赤,近墨者黑"。

择友是一方面,朋友如何相处又是一方面,而两者往往密切相关。什么样的朋友,决定了怎样的相处方法;反过来,怎样的相处方法,也决定了选择什么样的人做朋友。

此章孔子正反各举三种类型,正直而不虚套,诚实而不取媚,识见广而不圆滑,这样交朋友才能听到朋友的批评与帮助,才能拓展自己的视野。当然,这只是孔子的举例。

五 益者三乐章

孔子曰:"益者三乐,损者三乐。乐节礼乐,乐道人之善,乐多贤友,益矣。乐骄乐,乐佚游,乐宴乐,损矣。"

人活着要快乐,但快乐也有区别。有些对身心有益,有些却无益有害,甚至乐极生悲。与前章讲交友相似,此章孔子也是各举了关于快乐的正反三种类型。

乐时能节之以礼乐,而不是骄奢淫乐,这一对比的利弊是很显明的。乐于称道别人,而不是乐于游手好闲,这一对比就相对隐晦一些,因为游乐似不为害,但其实是缺了向善之心。乐于结交贤友,而不是乐于吃喝,这一对比更加隐晦,因为交友总不免小聚欢宴,难以察觉不同,故宴乐之损人最可怕。

六 侍于君子有三愆章

孔子曰:"侍于君子有三愆:言未及之而言谓之躁,言及之而不言谓之隐,未见颜色而言谓之瞽。"

顺畅交流,本不容易;侍奉有德有位的人时,自然更难。宋代有位大臣每次向皇帝奏事,都只管低着头讲,宰相见后说,一定呆不久。果不其然。人问这位大臣：怎么不看着皇帝奏事？他说看着时就做不到把预备的事情讲完。所犯的正是孔子讲的"瞽言"之病。

讲话的目的是为了让人听，而不是自己过瘾。要人听，就得察言观色，照顾到听者的接受意愿。这与曲意谄媚有本质区别。谄媚只求取悦人，观色为了有效表达。同样，讲的时机与节奏也都很重要。

七　君子有三戒章

孔子曰："君子有三戒：少之时，血气未定，戒之在色；及其壮也，血气方刚，戒之在斗；及其老也，血气既衰，戒之在得。"

"血气"是古人用来说明人的生理现象的术语，血阴而气阳。人的血气有生旺衰竭，体征各不同，对人的心智与行为具有直接影响。如果善加调理，不仅养生，更是养心。

古人尝讲，凡人之性，少则猖狂，壮则强暴，老则好利。这是指出病症。孔子是从治疗角度说明病因，以及如何对治，但没有告知用什么药。后人说，人的血气有盛衰，但志气没有，因此，调理血气的办法是充养志气，使其成为血气之主，引导血气的发用。志气如何养？明事理，行道义。

八　君子有三畏章

孔子曰："君子有三畏：畏天命，畏大人，畏圣人之言。小人不知天命而不畏也,狎大人,侮圣人之言。"

"三畏"之中,"畏天命"是根本,而其前提是知。"天命"就是事物的性质与道理,比如老虎会伤人。人知道,自然害怕;人若无知,便会涉险而被虎伤。

有威权势力的大人物,也像老虎一样会伤人。《史记》与《汉书》都讲,孔子写《春秋》因褒贬当世的威权人物,故只能写得简约隐晦,以免时难。但威权人物如不畏天命,一味胡来,终遭天裁。

圣人当然不会直接伤人,但圣人讲的话,揭示的正是事物的本质与道理,人如不听,只当作耳边风,早晚也要倒霉。

九 生而知之者章

孔子曰:"生而知之者,上也;学而知之者,次也;困而学之,又其次也;困而不学,民斯为下矣。"

人的天资各有区别,认知的能力也自然有所不同,有生而知之者,也有学而知之者、困而学之者。当然,生而知之者极少,比如传说中的幼童项橐,七岁未学而为孔子师。

人也可以一身而兼获三种不同的认知经验,有些事情生而知之,如本能;有些事情便须学而知之,困而学之。无论哪种情况,求知是相同的。

有些人一辈子困而不学,有些人有时困而不学,人只要困而不学,便趋下流。求知,这是孔子赋予人的根本精神,也是他赋予儒学的根本思想。

十 君子有九思章

孔子曰:"君子有九思:视思明,听思聪,色思温,貌思恭,言思忠,事思敬,疑思问,忿思难,见得思义。"

前几章连续用三,此章用九。这些数字虽都可视为举例,举其成数言之,但也不全是随兴毫无含义。三与九,大抵都有极数之义,隐喻着事物至此将穷极而变,如《易·系辞传》讲"极数知来之谓占"、谚云"一二不过三"同理。此章"九思"几乎涵盖人的体貌、言行与心智,各有所管,以九概之,正隐喻完备。

人在现实中的表现,当然很难作这样的切分,心智、言行、体貌,无一不动全身,但细分足以令人自觉到修身之目,无时无处不自省,以至从容中道。

十一 见善如不及章

孔子曰:"见善如不及,见不善如探汤。吾见其人矣,吾闻其语矣。隐居以求其志,行义以达其道。吾闻其语矣,未见其人也。"

见善如赶不上,见不善好像手碰上开水,这样的个人修身,虽说始终如此也不容易,但只要努力,还是可以说到并做到的。

隐居而能执守自己的志向,做事则能施行道义,贯彻自己的理想,这就不只关乎个人,而很大程度上取决于时势与环境了。人穷容易志短,做事岂一己能定?怀揣这样的心志,甚至表达这样的心声,固然都可以,但真能践行实已超越了个人之能力。

仁者,不仅成己,且待成物。欲仁者,固应以成己成物为目标,但更以尽心尽力为宜。

十二　齐景公有马千驷章

齐景公有马千驷,死之日,民无德而称焉。伯夷、叔齐饿于首阳之下,民到于今称之。其斯之谓与?

《颜渊》篇"子张问崇德辨惑"章的尾句"诚不以富,亦祇以异",宋儒以为错简,应为此章首句。此句出自《诗·小雅·我行其野》,比喻为人所称誉的,不在于富,而在于异。与下文所讲齐景公与伯夷、叔齐,文义很相合。

富可求,名难求。可以求,是因为操之在己;难以求,是因为不由自己。人可以自吹,有钱有势者更可以自己贴金,自己封号,但真正的名终究是存于众人之心,需要经过岁月冲刷的。只有真正作出特殊贡献,才可能被人称颂。

十三　陈亢问于伯鱼章

陈亢问于伯鱼曰:"子亦有异闻乎?"对曰:"未也。尝独立,鲤趋而过庭。曰:'学《诗》乎?'对曰:'未也。''不学《诗》,无以言。'鲤退而学《诗》。他日又独立,鲤趋而过庭。曰:'学《礼》乎?'对曰:'未也。''不学《礼》,无以立。'鲤退而学礼。闻斯二者。"陈亢退而喜曰:"问一得三,闻《诗》,闻《礼》,又闻君子之远其子也。"

陈亢怀疑孔子对儿子或有特殊教育,而孔鲤(字伯鱼)讲,父亲只嘱他学《诗》与《礼》。

学《诗》,不仅识物明理,更能知言善语,故"不学《诗》,无以言"。学《礼》,不仅品节详明,且能培植德性,故"不学《礼》,无以立"。学《诗》重在知,学《礼》重在行。孔子教儿子,就是知与行。

陈亢知道了孔子不偏爱儿子,但他专用了一"远"字。父亲为何疏远儿子?汉儒尝据五行解释,父亲疏远儿子,亲近孙子,如木远火而近土。今日民间亦有隔代亲的说法。

十四　邦君之妻章

邦君之妻,君称之曰夫人,夫人自称曰小童;邦人称之曰君夫人,称诸异邦曰寡小君;异邦人称之亦曰君夫人。

古人称谓的大原则,当然是依礼而称,具体到行为时,又往往对人尊称,对己谦称,以为习俗。此章所记,大概就是当时的礼俗。国君称妻为"夫人",夫人自称为"小童";本国人称她为"君夫人",对别国就称她为"寡小君";但别国称她又是"君夫人"。其中的尊与谦,一目了然。

无论是礼,还是俗,都不是固定不变,而是缘情而化的。天下古今之人,情无不同,只是时代在变,情的具体发用亦随之而变。学习古代礼俗,目的是体会其精神,而决非蹈袭其具体礼仪。

阳货第十七

> 恭则不侮,宽则得众,信则人任焉,敏则有功,惠则足以使人。

阳货第十七

一 阳货欲见孔子章

阳货欲见孔子,孔子不见,归孔子豚。孔子时其亡也,而往拜之。遇诸涂。谓孔子曰:"来!予与尔言。"曰:"怀其宝而迷其邦,可谓仁乎?"曰:"不可。""好从事而亟失时,可谓知乎?"曰:"不可。""日月逝矣,岁不我与。"孔子曰:"诺,吾将仕矣。"

阳货,即阳虎,季氏的家臣,时已专国政。他想见孔子,也非恶意,无外是想孔子帮他,但陪臣执国命,大纲已乱,孔子显然是不愿意的。他乘孔子不在家,送一熟猪,按礼孔子就必须回见谢他。孔子无奈,也乘他不在家时去,结果偏偏在路上遇到了,不讲话自然不可能,否则就表示断绝了,这显然不妥。于是便有此章这番对话。

不过,孔子的应对有理有节。随问而答,谈得都是道理;答而不辩,谦虚但不诎身。

做人之难,便难在这种不得已的时候。

二 性相近章

子曰:"性相近也,习相远也。"

孔子讲的"性",偏于后儒区分出的"气质之性";后儒讲"性",着意在赋予人的规定性上,即"善"。为示区别,特标明是"性之体"。讲"性体",人都一样,如孟子讲"性善",就不存在相近相远的问题。

如此看孔子讲的"性相近,习相远",便容易在自己的日常经验中印证。本来大家都差不多,但因为环境习染不同,便渐渐相差远了。

整个《论语》都充溢着这样的经验气息,但其中又涵有"性"这样的抽象观念。后儒不断阐释,儒学因此建构,这构成了儒学基本的理论样式。

三　唯上知与下愚不移章

子曰:"唯上知与下愚不移。"

通常认为此章接着上章讲。"性近习远"虽适用于大多数人,但也有极少数人,"上知"与"下愚"者,却不适用这一原理。

天才与智障虽是极少,但肯定是有的。只是生而智障者明显,天才却不容易发现。有时天才与弱智甚至很难区分,故常被埋没。当然年少就彰显天分,终被捧杀的也有。

除了天生智障,前人更着意指出,"下愚"就是自暴与自弃者。闻善言而不信,遇善事而不为,前者是自暴,后者即自弃。人很容易随时自暴自弃,而一旦犯此病,即落"下愚"。

四　子之武城章

子之武城,闻弦歌之声。夫子莞尔而笑,曰:"割鸡焉用牛刀?"子游

对曰:"昔者偃也闻诸夫子曰:'君子学道则爱人,小人学道则易使也。'"子曰:"二三子!偃之言是也。前言戏之耳。"

礼、乐化人,不在人的多少,也不在人的身份,皆有功效。人很容易因人少而省略一些过程,也很容易因人身份卑微而不屑认真相待。结果,做了如同没做,于人无益,于己有害。

此章又记录了孔子的失言。圣如孔子亦不免有失,但一旦知之,即予纠正,即便是面对学生,或别的什么人。

或以为儒家讲礼,身份意识很强,束缚人,但此章足见孔门之内并无思想交流的障碍。其实,"当仁不让于师",与西贤所谓"吾爱吾师,吾尤爱真理",心同理同,异曲同工。

五　公山弗扰章

公山弗扰以费畔,召,子欲往。子路不说,曰:"末之也已,何必公山氏之之也。"子曰:"夫召我者,而岂徒哉?如有用我者,吾其为东周乎?"

公山弗扰是季氏的宰相,凭借费邑叛乱,派人来请孔子。据《史记》,那年孔子五十岁,一直没有行道机会,念及周文王、武王起初也只是从丰、镐称王而兴周,故颇为心动,欲前往借费邑而在齐、鲁复兴周制。子路劝阻孔子,以为没有机会就算了,费邑不值得去。孔子最终没有成行,但原因并不清楚。

人总希望能够做些事,实现自己的志向,但人又无法选择时势,正如谚云:"时来天地皆同力,运去英雄不自由。"孔子的这段故事,正揭示了人的这一宿命。

六 子张问仁章

子张问仁于孔子。孔子曰:"能行五者于天下为仁矣。"请问之。曰:"恭、宽、信、敏、惠。恭则不侮,宽则得众,信则人任焉,敏则有功,惠则足以使人。"

仁者,不唯成己,且在成物。此章似侧重于成物,只是成物的根本仍在自己的修为,成己与成物是不可分的。

"恭"、"宽"、"信"、"敏"、"惠",功效在外,用力在内。比如对人"恭",自己便不会去欺侮人,别人反过来也不会轻易欺侮自己。"宽"与"得众","信"与"任事","敏"与"成事","惠"与"用人",都是如此。

"恭"、"宽"、"信"、"敏"、"惠",同时也似有递进的内在逻辑。但凡成物,都需得人相助,而"恭"是起点。对人"恭",人才会与自己交往,而后能"宽"、能"信"、能"敏"、能"惠",才足以最终成事。

七 佛肸召章

佛肸召,子欲往。子路曰:"昔者由也闻诸夫子曰:'亲于其身为不善者,君子不入也。'佛肸以中牟畔,子之往也,如之何?"子曰:"然,有是言也。不曰坚乎,磨而不磷;不曰白乎,涅而不缁。吾岂匏瓜也哉?焉能系而不食?"

佛肸依托中牟起叛,召孔子出山。如同公山弗扰请孔子那次一样,这次孔子也很想去,被子路劝阻。

子路劝阻的理由是孔子曾经告诫弟子们"乱邦不入",而孔子的辩解是凡事因人而异。真正硬的东西磨不薄,真正白的东西染不黑。后人因此分辨,子路引用的是守身常法,孔子争辩的是行道权变。孔子也是用世心切,不想做"系而不食"的葫芦。

孔子是心忧天下的人,故他一生总想去改变世道;但他又是豁达通变的人,故能识判时势,不执着于做具体的政务。

八 子曰由也章

子曰:"由也,女闻六言六蔽矣乎?"对曰:"未也。""居!吾语女。好仁不好学,其蔽也愚;好知不好学,其蔽也荡;好信不好学,其蔽也贼;好直不好学,其蔽也绞;好勇不好学,其蔽也乱;好刚不好学,其蔽也狂。"

"居",是坐下来的意思,读来颇觉生动。

"仁"、"知"、"信"、"直"、"勇"、"刚",无一不是值得称道的品质,也是孔子教育学生最重要的内容,但此章孔子将它们全部基于"学"。唯有学,才是人类行为与文明的基石。

儒学之所以成为中国思想与文化的主流,固然因其思想内涵及其对中国文化与社会的引领与型塑,但就手段而言,根本的方法与路径在学的培植。

此章论学,虽是着眼于一己的修身,但儒家心中的社会全由每一个个体构成,因此此章论学同样适用于社会。

九 小子何莫学夫诗章

子曰:"小子何莫学夫《诗》?《诗》,可以兴,可以观,可以群,可以怨。迩之事父,远之事君;多识于鸟兽草木之名。"

儒家一直重视诗教,后世编《千家诗》作少儿读物,亦是显证。诗教传统自孔子始。孔子教儿子,也就是学《诗》与《礼》。

诗不同于说理文字,必须通过形象来传递精神,这就要求对景物与人事有细致的观察与描摹,对精神有亲切的体会与把握。读诗亦须用心,否则难有收获。孔子的"兴"、"观"、"群"、"怨",指出了读诗的重要门径,沿此用心,可入诗境。

春秋时期各种朝聘宴享,动必引《诗》,故《诗》又足以教人如何待人,事父与事君只是举近与远的要例。

十 子谓伯鱼章

子谓伯鱼曰:"女为《周南》、《召南》矣乎?人而不为《周南》、《召南》,其犹正墙面而立也与?"

《周南》与《召南》是《诗·国风》中的两部分诗,分别有十一篇与十四篇,各系于周公、召公的名下;"南",原本是方位辞,后人又解释为周、召二公代表的王道之风自北而南,故"二南"又象征着正始之道、王化之基。由此章孔子对儿子伯鱼的训诫,可知这样的解释多少是始于孔子。

人如面墙而立,自然已是无处可去;不仅无处可去,而且除了墙壁,也无法看到别的东西。人怎么会走到道断路绝的尽头?无外是不明事理,不事修身。读"二南",正在于修身明理。

十一 礼云章

子曰:"礼云礼云,玉帛云乎哉?乐云乐云,钟鼓云乎哉?"

凡事都有个讲究,哪怕是桌上摆放碗筷,也自有一个摆法,否则就让人觉得不和顺。这个摆法就相当于礼,也就是制度,这个和顺就好比乐,也是制度的一部分。

制度的呈现,当然要借助器物与形式,就如礼需要玉帛,乐需要钟鼓。但是,器物与形式都是为了表达人的精神,而不在器物与形式本身。只是器物与形式一旦形成,它们也会获得自身的意义,并很容易引人关注而忽略隐于其中的人的精神;最终流于形式,更使形式变得无意义,甚至很有害。

十二　色厉内荏章

子曰:"色厉而内荏,譬诸小人,其犹穿窬之盗也与?"

小偷盗窃自然不能让人知晓,钻墙洞之类都是常事。人如果心中所想不敢被人知晓,也会刻意掩饰,甚至以严厉的姿态在场面上唬倒人。

内心的强毅根本上源自所思所念是否合乎道理,如果不合道理,单凭姿态,无论使用什么样的道具,可以撑一时,无法撑长久。事实上,凭姿态撑起的门面,与其说是令人信服,毋宁说是自欺欺人。

人如果用心于作姿态,心便为名所累,人亦为人所役。本来作姿态是为了确立自己,结果适得其反,自始即已丧失自己。

十三　乡愿德之贼章

子曰:"乡原,德之贼也。"

凡事都说好,人人以为好的"善人",其实是不问是非,而且也是没有识见的人。这样的人虽然看上去一团和气,其实是毫无社会责任感,对社会的公德也是一种损害。

儒家把社会建设基于每个人的努力。一个地方的风气如何,取决于这个地方的每个人。如果有人凡事都称好,而且这样的人还获得大家的认可与称誉,视为"好人",那么大家都会模仿,遇事不问是非,但求不得罪人。一旦出现不好的风气,自然也无人愿意纠弹,结果受害的就是大家。

十四 道听涂说章

子曰:"道听而涂说,德之弃也。"

此章的"德之弃",有别于上章的"德之贼"。好好先生表面上是一团和气,其实是不分是非。这种不分是非,对德便是一种伤害,故称"德之贼"。"道听途说",则是从耳朵到嘴巴,凡事全不经过心,遇好的不会真正去学,遇不好的也不会真正引以为鉴,实是德的自我放弃。

"德之贼"的"乡愿",偏于公共社会的建设;"德之弃"的"道听途说",更偏向于个人的修身。偏重有所不同,核心都是人的自我丧失。只是,"德之弃"者,人易知其病;"德之贼"者,却常为人称誉,为害尤重。

十五 鄙夫可与事君章

子曰:"鄙夫可与事君也与哉? 其未得之也,患得之。既得之,患失之。苟患失之,无所不至矣。"

人在仕途宦海,或以今日广义上讲,在职场中,自不免希望不断上进。这本是好事,但不可将这一求上进的心,自我逼迫成心病,整日为此而忧,唯恐自己不得上进,否则实无工作乐趣,甚至于做人的乐趣也会销歇。

人若一心以职位为念,竞奔上进,那么一旦得一职位,便自然看得非常重,唯恐失去。因为怕失去,所以又会处心积虑去保住它,以至于什么事都干。

终日为职位而忧,得不到时忧,得到了又怕失去。遇上这样的人做同事,甚烦,且有害。

十六 古者民有三疾章

子曰:"古者民有三疾,今也或是之亡也。古之狂也肆,今之狂也荡;古之矜也廉,今之矜也忿戾;古之愚也直,今之愚也诈而已矣。"

人各有性格才情,如"狂"、"矜"、"愚"。不同的性格才情也都有自身的弱点,如狂者"肆"、矜者"廉"、愚者"直"。但弱点仍有程度差别,如"肆"是不拘小节,"荡"则是完全失守了;"廉"是棱角分明,"忿戾"则是争执暴躁了;"直"是径直而行,"诈"则是挟私妄作了。弱点小,还只是过错;弱点大的,便会成为罪恶。

人的性格才情及其弱点,古今一样。但如一时代的人的弱点都呈现出严重一面,则这时代整体上的风气已令人不由自主地将弱点演为罪恶,甚至还贴上许多光鲜的名目。

十七　巧言令色章

子曰："巧言令色，鲜矣仁。"

此章与《学而》中重出。此前尝取情之真伪解读，这里试就"言"与"色"来说明。

人总须通过语言与神态来表达，"言"与"色"不仅不可或缺，而且很重要。人如能善于言辞，神色恰如其分，实在是非常好的。关键是如何才算善？怎样才算恰好？

善与恰好很难界定，因为要视境遇而定。此章从反面指出"巧"与"令"对于"言"与"色"的根本危害，则是划出了底线。底线虽非正面阐明，但却足以为脚跟处。如进而体会《论语》所载孔子言行，则"言"与"色"的恰好便足以渐至。

十八　恶紫之夺朱章

子曰："恶紫之夺朱也，恶郑声之乱雅乐也，恶利口之覆邦家者。"

世上以假乱真者之所以容易让人受骗，原因在于相似，所谓"亡国之主似智，亡国之臣似忠"。

更为甚者，虚假的、不好的东西，往往容易占得优势，所谓"劣币淘汰良币"。最终使得真实的、好的东西无法恢复，如同紫色覆盖了红色以后,红色无法再复原。

既如此,则不免令人沮丧,仿佛人的种种努力总是很难取得应有的结果,好事难存,坏事易行。不过,唯此,人的努力才显其意义与价值。人间的美好恰恰依靠真、善、美的持续累积,假、恶、丑的不断摒弃。

十九 予欲无言章

子曰:"予欲无言。"子贡曰:"子如不言,则小子何述焉?"子曰:"天何言哉? 四时行焉,百物生焉,天何言哉?"

孔子教人,岂能无言? 整个《论语》除了直接的言说,便是行为的记录,又怎么可能无言? 然而孔子确实对子贡讲,他不想再说话,并以自然而喻,自然未曾说话,但"四时行,百物生"。也许是因为子贡执着在老师的话语中,并迷失于其中吧。

人的语言是认知与感受的表达,不是认知与感受本身。只是人因其表达,进而以表达为认知与感受,言获而心安,语言成为人的家。人如以语言为家,似乎又真的忘了家。也许人在讲许多话的同时,还应常常无言。

二十 孺悲欲见孔子章

孺悲欲见孔子,孔子辞以疾。将命者出户,取瑟而歌,使之闻之。

托病不愿见客,似乎很不诚;继而又瑟又歌令来者听到,似又很坦诚。诚如何表达,才能恰到好处,恐难有一定之规,总需因境遇而定。

据《礼记》,孺悲曾随孔子学士丧礼,《士丧礼》也是因此而写的。孔子如此警示孺悲,具体原因不得而知,想来总是他有什么事是做错了的。

老师教学生,按常理,应当循循善诱。但既是常理,便也有不寻常的。孟子曾经讲,教育的方法是多样的,对某些人不屑于教诲,也是一种教诲。此章便是一种特殊教法。

二十一　宰我问三年之丧章

宰我问:"三年之丧,期已久矣。君子三年不为礼,礼必坏;三年不为乐,乐必崩。旧谷既没,新谷既升,钻燧改火,期可已矣。"子曰:"食夫稻,衣夫锦,于女安乎?"曰:"安。""女安,则为之!夫君子之居丧,食旨不甘,闻乐不乐,居处不安,故不为也。今女安,则为之!"宰我出。子曰:"予之不仁也!子生三年,然后免于父母之怀。夫三年之丧,天下之通丧也。予也有三年之爱于其父母乎?"

父母去世,之所以服三年丧,按孔子的解释,是因为孩子出生头三年,需要父母悉心照料。如今小朋友三岁才入幼儿园,也不知是否与此相关。其实,服丧是对父母过世的一种追念,父母生养之恩的报答是很难简单划一个时间的。服丧究竟以多长时间为宜,也往往会因时代的变化而变化。

孔子与宰我的讨论,核心在于宰我以外在的东西为取舍,而孔子强调内心情感的自我体会,所谓"不甘"、"不乐"、"不安"。亲情的根本在心,如衡以外物,便失其意涵了。

二十二 饱食终日章

子曰:"饱食终日,无所用心,难矣哉!不有博弈者乎?为之,犹贤乎已。"

博弈游乐,今天已归入生产的门类,在自然经济下大概纯属不事生产的游戏,但即便游戏也终能令心有所系,不致涣散。

人做一事,人的精神便关注这事。人如无事,心便涣散。人的精神又似乎是无法空闲的。人如无事,心无所向,便容易胡思乱想,难以安宁,直到捣腾出许多是非来。

即便不捣腾出是非,人心涣散久了,也很难收拾起来。人说到底,全由自己的精神统帅。失其精神,心志涣散,人其实无外于一堆肉而已。用心,其实是一种自我锻造。

二十三 君子尚勇章

子路曰:"君子尚勇乎?"子曰:"君子义以为上,君子有勇而无义为乱,小人有勇而无义为盗。"

子路尚勇,但他对勇的认识似乎更重于外在的刚猛形式,故多次受到孔子训诫。此章孔子所示,直指勇之为勇,务与义配,甚至以义为准,否则徒具血气之勇,只足以为恶。

至于君子有勇无义则为乱,小人有勇无义则为盗,其乱与盗的区别,一源于君子与小人的心智差别,二因为君子与小人的地位差别。

勇又近乎精良的工具,义近乎好的准则。只有依循好的准则,精良的工具才可能发挥正当的效用。不过,从长时段来看,工具又足以促使准则的变更。

二十四　君子亦有恶乎章

子贡曰:"君子亦有恶乎?"子曰:"有恶:恶称人之恶者,恶居下流而讪上者,恶勇而无礼者,恶果敢而窒者。"曰:"赐也亦有恶乎?""恶徼以为知者,恶不孙以为勇者,恶讦以为直者。"

君子"厚德载物",对人对事都宽容,但宽容不等于无好恶。宽容是知晓人与事所以如此的原因,从而坦然面对,从容相待;好恶却是依循自己持守的准则而作出取舍。因好恶而不能宽容者,实不知世事之复杂;因宽容而全无好恶者,则亦属全无识见与操守。

人之好恶不同,不能也不应整齐划一。此章孔子与子贡所举,亦不全同。但如细心体会,也不难发现孔子与子贡所厌恶者,不外是不明事理、不通人情、骄横无礼等,概言之,都是己所不欲的言与行。

二十五　唯女子与小人为难养章

子曰:"唯女子与小人为难养也,近之则不孙,远之则怨。"

传统社会,女子与仆役有某种程度的人身依附,缺乏独立性,容易看主人脸色行事。起初陌生,以下事上,有所敬畏,一旦亲近,往往轻慢不逊,而一旦被疏远,又生怨戾。不过,问题出在下者,根源却在上者。唯因不自重,才招来轻慢;唯因不仁慈,才招来怨戾。

现代社会,似乎已铲除了人身依附的土壤,但丧失独立人格、精神有所依附者,大有人在,且不限于性别与身份。究其原因,无外名、利。人如受累于物欲,心便不得自由,持敬亦万难长久。

二十六　年四十见恶章

子曰:"年四十而见恶焉,其终也已。"

《礼记》讲,人如三十、四十还无技艺,大抵难再习得;五十不能以善为人所知,也就难以为人所知。想来古时平均寿命不高,四十应该已是基本定型了,如果四十还人见人厌,自然也难改变了。

其实,现在的平均寿命虽然远胜古人,但四十也应该基本定型了。

孔子这话虽然可能是因具体某人而讲的,但对每个人大概也是适用的,不论古人今人。生活中一定能找到个别特例,但特例恰恰说明常理。人不论活多久,终究是短暂,进德修业还是应该及时。

微子第十八

> 鸟兽不可与同群,吾非斯人之徒与而谁与?天下有道,丘不与易也。

微子第十八

一　微子去之章

微子去之,箕子为之奴,比干谏而死。孔子曰:"殷有三仁焉。"

人的出生,不由自主。生于什么时候,生于怎样的环境,极大程度决定了人的命运。但尽管如此,人终究还是有自由意志,自己选择自己的人生。

微子、箕子、比干,同处于商纣王的荒淫暴政之下,同怀忧心,但选择却不同。微子选择离去,箕子装疯而为奴,比干强谏而被杀。三人命运的不同,固然有外部因素,比如纣王恰处于某种状态,但更是三人自己的选择,他们对自己的结局是有高度自觉的。孔子概以"仁"相称,正缘于他们都依其本心而行。

二　柳下惠为士师章

柳下惠为士师,三黜。人曰:"子未可以去乎?"曰:"直道而事人,焉往而不三黜?枉道而事人,何必去父母之邦?"

人如在职场上反复受挫,不免会抱怨环境,而很少能检讨自己,更难从容淡定。柳下惠非常清楚自己反复受挫的原因,却一仍其旧,上便上,下便下,实在是称得上宠辱不惊。

长时段而言,环境因人而改变,人以自己的理想而推进社会的进步;短时段而言,人很难改变环境,唯有顺应环境才足以生存。在执守理想与顺应环境之间究竟如何选择,便决定了人的现实境遇。求仁得仁,求知得知,抱怨不仅无益,而且让所处的环境恶化,让自己的心境趋坏。

三 齐景公待孔子章

齐景公待孔子,曰:"若季氏则吾不能,以季、孟之间待之。"曰:"吾老矣,不能用也。"孔子行。

季氏与孟氏都是鲁国卿大夫,季氏位高,孟氏位低。据《史记·孔子世家》,孔子到齐国,齐景公以季、孟之间的身份礼遇孔子,后来齐国大夫欲加害孔子,并为孔子闻知,齐景公又说自己已老不能任用,孔子便离开了齐国。

虽然礼遇如何也是重要的,因为它是一种必要的象征,但能否任用更是关键,否则任何的礼遇都只不过是一种虚礼。人如果只是图虚名虚位,不务实用,其实是生命的一种无味消遣。孔子的一生虽极其不顺,但他始终不愿虚耗生命。

四 齐人归女乐章

齐人归女乐,季桓子受之,三日不朝,孔子行。

孔子曾在鲁国出任大司寇，负责相国之事，政绩斐然。齐国担心鲁国因此强大称霸，于是送女乐给鲁国，致使鲁国国君与鲁国掌实权的大夫季桓子都沉溺于女乐，不理朝政，孔子遂离去。此事《韩非子》与《史记》都有记载，但详略有所不同。

传统时代士、农、工、商的四民社会，士人追求仕进是唯一的道路，但出处进退却有许多讲究。能否得到真正任用，是否在执政理念上达成共识，都是考量的因素。《论语》中所载孔子的相关言行，都构成后世的依据。

五　楚狂接舆章

楚狂接舆歌而过孔子曰："凤兮！凤兮！何德之衰？往者不可谏，来者犹可追。已而！已而！今之从政者殆而！"孔子下，欲与之言。趋而辟之，不得与之言。

身处乱世，人各有志。有的拯世救民，有的乘火打劫，有的灭迹山林。即便是同一类人，又有许多不同，既与境遇有关，又与才性有关，实难言尽。

整个《微子》篇以记录当时一些贤达的出处为主，而此章及其后三章主要讲归隐者。归隐与其说忘情于世事，毋宁说对人间别具情怀。归隐是中国文化中的别样风景。

凤，极具象征，祥和中出现，昏暗时隐没。接舆以此隐喻孔子的救世不足取,只是颇有意趣的是,他愿唱歌提醒孔子,却又不愿与孔子交流。

六 长沮桀溺耦而耕章

长沮、桀溺耦而耕,孔子过之,使子路问津焉。长沮曰:"夫执舆者为谁?"子路曰:"为孔丘。"曰:"是鲁孔丘与?"曰:"是也。"曰:"是知津矣!"问于桀溺,桀溺曰:"子为谁?"曰:"为仲由。"曰:"是鲁孔丘之徒与?"对曰:"然。"曰:"滔滔者天下皆是也,而谁以易之?且而与其从辟人之士也,岂若从辟世之士哉?"耰而不辍。子路行以告,夫子怃然曰:"鸟兽不可与同群,吾非斯人之徒与而谁与?天下有道,丘不与易也。"

选择归隐,除了个人情况外,客观原因多半是对世道失望。此章恰彰显了孔子的人生立场。

人是群体性存在,没有人能离群独居。世道好,自然是好;世道不好,人依旧须生活于其中。人是无法逃离尘世的。尘世不够完美,甚至于动荡昏暗,所有的人似乎都有问题,但改变人世的依旧只能是同样的人,而不可能去依靠鸟兽。

孔子是高度理性的,世事洞明,同时又是极富情怀的,不愿有忘天下之心。深知行道艰难,却奋然前行,这便是仁者的壮怀激烈。

七 子路从而后章

子路从而后,遇丈人,以杖荷蓧。子路问曰:"子见夫子乎?"丈人曰:"四体不勤,五谷不分。孰为夫子!"植其杖而芸。子路拱而立。止子路宿,杀鸡为黍而食之,见其二子焉。明日,子路行以告。子曰:"隐者也。"使子路反见之。至,则行矣。子路曰:"不仕无义。长幼之节,不可废也;君臣之义,如之何其废之?欲洁其身,而乱大伦。君子之仕也,行其义也。道之不行,已知之矣。"

丈人虽归隐,但未曾弃礼义,废长幼,故能留掉队的子路住宿,杀鸡做饭款待,并引儿子们相见。同样,君臣之义也不能因为世道昏暗而不去承担;转换至现代社会,便是公民责任不可推脱。

重要的是,"行其义也"。人无法选择自己的境遇,但却应该决定自己的取舍。如何承担?如何取舍?这是问题。通常人们都衡以结果的好坏,或者事情能否行得通,行得顺,但是世事难料,好坏参合,顺逆随时而变,实难计较。因此,"唯义是从",才是根本原则。

八 逸民章

逸民:伯夷、叔齐、虞仲、夷逸、朱张、柳下惠、少连。子曰:"不降其志,不辱其身,伯夷、叔齐与!"谓:"柳下惠、少连,降志辱身矣。言中伦,行中虑,其斯而已矣!"谓:"虞仲、夷逸,隐居放言,身中清,废中权。我则异于是,无可无不可。"

此章记录了七位隐逸者,有些著名,如伯夷、叔齐、柳下惠;有些见于史述但不闻名,如虞仲、少连;有些则不见于经传,如夷逸、朱张。

孔子按持志、身份认同、言行取舍,将七人分成三类,予以评价。据此可知,虽同为隐逸,但立心、造行大不同。不过,即便是虞仲、夷逸,率性放言,舍弃自己,但还是坚守大道之权变的。换言之,虽为逸者,并非全然放倒。

孔子与此七人的根本不同,表现在"无可无不可"。但这不是无执守,而是"从心所欲不逾矩"。

九 大师挚适齐章

大师挚适齐,亚饭干适楚,三饭缭适蔡,四饭缺适秦,鼓方叔入于河,播鼗武入于汉,少师阳、击磬襄入于海。

"大师"、"亚饭"、"三饭"、"四饭"、"鼓"、"播鼗"、"少师"、"击磬",都是乐官的职名,"大师"掌六律六同,以合阴阳之声;"鼓"、"播鼗"、"少师"、"击磬",各掌不同乐器;"亚饭"、"三饭"、"四饭",则是天子每天不同时间吃饭时的乐官。据说天子就餐时要奏乐,象征着天下太平富饶;天子一日就餐从早至晚分四次,象征着天子平居中央,制御四方。

挚、干、缭、缺、方叔、武、阳、襄,是上述八位乐官的名字。原本象征和平富饶的乐官,身逢昏君的荒淫残暴,亦纷纷星散,逃亡各方。

十 周公谓鲁公章

周公谓鲁公曰:"君子不施其亲,不使大臣怨乎不以。故旧无大故,

则不弃也。无求备于一人!"

周武王取代殷商后,封周公于鲁。因周公留下来辅佐武王,武王去世后又因成王年少而摄政,故没有就封,而使其子伯禽代就封于鲁。此章记录的就是周公对伯禽的训诫。此训诫被记录在《论语》中,是否因为鲁人一直传诵着它,孔子曾与学生谈及,就不得而知了。

不怠慢亲属,不使大臣抱怨不被重用,故旧无大过错不要舍弃,不要对人求全责备,这四条训诫,由亲近至疏远,由重及轻,既反映了宗周礼制的具体精神,又呈现出周、孔儒学的普遍情怀。

十一 周有八士章

周有八士:伯达、伯适、仲突、仲忽、叔夜、叔夏、季随、季骝。

古人相信,若政治清明,天亦降祥瑞。传说周朝昌盛,蕃殖亦旺,一母连生四胎孪生兄弟,都是贤士。"伯"、"仲"、"叔"、"季"是长幼之称。"伯"是长子,表示接近父亲;"仲"是中,老二;"叔"是少,老三;"季"是幼,指老四。

每个时代都有自己的人才,但是无数人才却不能尽为时代所用,这既是人的悲剧,亦是时代的悲剧。"三仁"、逸民、乐师、"八士"等,包括孔子偶遇的隐士,都是一世高士。整个《微子》篇集中记录他们,也许是有感于孔子对人才惺惺相惜的心绪与情怀吧。

子张第十九

> 博学而笃志，
> 切问而近思。

子张第十九

一 士见危致命章

子张曰:"士见危致命,见得思义,祭思敬,丧思哀,其可已矣。"

此篇较特殊,其二十五章都记录孔门弟子们的话。也许编纂至此,孔子的已完,遂将弟子们重要的话汇成一篇。此篇所记,尤以子夏最多,其次子贡。朱子以为孔门自颜子以下,子贡最聪慧;曾子以下,子夏最笃实,故如此。孔子称誉颜回,《论语》中多见,曾参并不突出,但程、朱以曾子为孔子精神的继承者。

子张所讲四条是针对"士"的。士是对社会负有责任的人,临危授命、得利思义、祭思敬、丧思哀是立身大节,大节有亏,余则不足以观了。

二 执德不弘章

子张曰:"执德不弘,信道不笃,焉能为有?焉能为亡?"

人知晓一些道理,有了一些经验后,往往会泥囿于这些道理与经验,既见不到更深的,也看不到更广的。其实知识无穷,心体无限,需要不断拓展,否则便会故步自封,既容不下新的知识与经验,更是对自己生命的限止。

不过,所知的东西多了,自己又必须有执守,否则不免人云亦云,立不住,行不远。

"弘"与"笃"要合在一起讲。不弘大,则狭隘;不笃实,则失其脚步。只有弘大而笃实,才胸怀开阔而独立自信。人若做不到"弘"、"笃",其实也是可有可无的人。

三 子夏之门人问交于子张章

子夏之门人问交于子张。子张曰:"子夏云何?"对曰:"子夏曰:'可者与之,其不可者拒之。'"子张曰:"异乎吾所闻:君子尊贤而容众,嘉善而矜不能。我之大贤与,于人何所不容? 我之不贤与,人将拒我,如之何其拒人也?"

传统社会"五伦",夫妇、父子、兄弟是"天伦",君臣是职责,唯朋友一伦比较宽泛,但却又很重要,如谚云:"在家靠父母,出门靠朋友。"如何交友,实在是大可讲究。

子夏与子张的交友之道有严宽之别,但据子张讲,他是听孔子这么说的。想来子夏讲的也是。故前人曾讲,这个严宽的差别,正是孔子针对着子夏与子张性格的差别。子夏待人宽,故要让他对不可交者拒之;子张性格褊狭,便要他宽容。

比较起来,子夏所言,容易做到。子张所闻,要难许多。

四　虽小道必有可观章

子夏曰:"虽小道,必有可观者焉;致远恐泥,是以君子不为也。"

技能虽小,其中也有道理值得吸取。但是,也正因为小技能有它的道理,所以很容易让人沉溺于其中,而放弃更远大的追求。真正有志向的人是不愿意做的。

小道之所以容易让人沉溺,是因为行小道容易,见效也快。人都容易关注眼前的结果,不耐烦长远的追求。远了,虽然美好,却可能达不到,还要受人好高骛远之讥;况且能达到,过程也很折磨人。

世上事,总是种瓜得瓜,种豆得豆。着眼于小道,大抵得失皆小;着眼于大道,成或败的气局亦大。

五　日知其所亡章

子夏曰:"日知其所亡,月无忘其所能,可谓好学也已矣。"

每天都知道自己不知道的,只有好学才有此感受。活到老,学到老,这其实是生命永续的新生。如果失去求知的欲望,剩下的不过是一具躯壳。生命的生机在心,心需要知识滋养。

每天有新知,一个月回头看,哪些还记得? 这与"温故而知新"不同。"温故而知新"是因温故而知新,这是因知新而温故,以检视什么是自己真正还记得的。被遗忘了的,不等于无益,其益已滋养生命,只是留下还记住的,大致还在滋养着。生命有自己的选择机制,对知识也一样。

六 博学而笃志章

子夏曰:"博学而笃志,切问而近思,仁在其中矣。"

"博学"、"笃志"、"切问"、"近思",是为学方法,与仁似无直接关系,但《论语》中多有"在其中"的表达,将两件似无直接关联,甚至是相反的事联系在一起。这一表达法,揭示了人的行为的结果与动机的复杂性。

为学本身不是仁,但如依此章所示而为学,仁也会随之而获得培植。孔门以仁为宗旨,以学为路径。

"博学"是大规模,如不用心记,终是无益;"切问"是获知的方法,但如不由近及远,"切问"是做不到的,会不着边际。由近及远是渐进过程,"博学"因此而成立。

七 百工居肆章

子夏曰:"百工居肆以成其事,君子学以致其道。"

手头无工具、无材料,自然是巧妇难为无米之炊。君子求道,亦有赖于学。

但是有工具、有材料,并不保证能做成事,还务须有心于事。设想二人各怀一笔钱逛市场,一人只是闲看,结果自然是钱花完,将时间打发了;另一人心里念着要做的事,眼里寻看的都是做事要用的材料。前者纯是消费的心,后者才是做事的心。

人生最平等的莫过于几十年的光阴,消费着打发,或做事、学以致道打发,外在境遇是重要的,内在的心也是重要的。二者宜并重。

八　小人之过章

子夏曰:"小人之过也必文。"

人难免犯过错,关键是如何面对自己的错误。坦然面对,认真分析,找出原因,吸取教训,自然就能减少再犯的可能性。过错也会在反省中由坏事变好事。

由于犯错多少要承担相应的后果,为了逃避,人又很自然地希望掩饰自己的过错,尽力去寻找这样或那样的理由,以为文饰。其实,无论如何文过饰非,都只是自欺而已。

更为糟糕的是,为了文饰一个过错,往往要再犯一个错误,结果越抹越黑,弄到最后不可收拾,正如谚云:"小洞不补,大洞吃苦。"

九　君子有三变章

子夏曰:"君子有三变:望之俨然,即之也温,听其言也厉。"

人之难,在于言行恰到好处。神态庄重,容易得人敬重,但如果仅此,则又易令人望而生畏,不敢亲近。敬重是敬重了,但终是与人疏离了。反过来,待人温和,足以使人有亲切感,但又容易变得随意,言行举止失其分寸,久之既失自重,又失人尊重。

独处时能整肃自敛,与人交往能温润和蔼,讲话又能精准,这自然要有好的修养。修业以增学识,养气以守心志。学识与心志彼此配合,人便能渐渐把握好分寸。当然,语默动静都要进入化境,那很难。

十　君子信而后劳其民章

子夏曰:"君子信而后劳其民;未信,则以为厉己也。信而后谏;未信,则以为谤己也。"

许多事,都取决于当事人之间的信任。彼此信任,交流就顺畅;不信任,就麻烦。子夏所举尚是上下关系,其实所有人的交往,信任都是前提。

信任与否,所求似在对方,但着力却在自己。自己是否真诚,别人是能感受到的。误会自然难免,但究其原因,终是真诚不够;而且消解误会的唯一办法仍在于真诚。

后来《中庸》把诚视为天道,人的全部努力就是去达到诚。这看似很玄虚,但万事皆由人心而起;人心一伪,一切便将陷入虚妄,只是早晚而已。

十一 大德不逾闲章

子夏曰:"大德不逾闲,小德出入可也。"

"大德"、"小德",即大节、小节。《荀子》记孔子讲:大节是,小节也是,上君;大节是,小节有出入,中君;大节非,小节虽是,不足以观。儒家论人,重在大节。

能有出入的小节,当然也必须是在允许的范围内。如《春秋繁露》讲:权虽反经,也必在可以然之域;不在可以然之域,虽死不为。

大节与小节,有时客观上难以分清,有时主观上也故意含糊。常以小节为由而放松,往往会酿成大节出问题。可见刘备告诫刘禅"勿以恶小而为之",诚有深意。

十二 子夏之门人小子章

子游曰:"子夏之门人小子,当洒扫、应对、进退,则可矣,抑末也。本之则无。如之何?"子夏闻之,曰:"噫!言游过矣!君子之道,孰先传焉?孰后倦焉?譬诸草木,区以别矣。君子之道,焉可诬也?有始有卒者,其惟圣人乎!"

人的才性资质不同,如同草木有别,故教人要因材施教。对初学者讲道理,既不易领会,又空费精神,不如从具体做事入手。"洒扫"、"应对"、"进退",当然是琐碎的日常事务,但中间也含着道理。由此导入,既学会做事,又领会其中道理,不应以本末精粗之别而轻视。

学,自然也是一个无止境的过程。入手处固然同样含有道理,但入手处终究是入手处。不因为开始所习得的而满足,也不因为已经习得的而倦息,由近及远,如此才真正能体会事情与道理的合一。

十三　仕而优则学章

子夏曰:"仕而优则学,学而优则仕。"

担任公共职务的人,在行有余力的情况下应该学习;学习而有余力的则应该为社会服务。子夏此言也许有所针对,但泛而言之,一方面是将公共服务基于知识之上,反映了儒家政治思想的基本理念,知识足于资政;另一方面也反映了儒家学以致用的知识观,做事足以验学。

或以为,"仕而优则学",理所应当,"学而优则仕",却非个人可以把握。如不把"仕"狭义地理解为做官,而是理解为广义的社会服务,则"学而优则仕"对于现代每个人都是可能的,且是应该的。

十四　丧致乎哀章

子游曰:"丧致乎哀而止。"

生死于人为大,虽是自然规律,但文明终是演生出特定的仪式来庆生吊死。只是仪式既久,人又会忽略其本义。子游正标示出吊丧的根本是表达哀伤。

子游的话当然是千真万确的,但落到生活中又难以把握,因为哀伤之情并不稳定,且无可测量,必须有一定之规加以范导,让人依循。故朱子特别说明,只讲"致哀而止",微有过于高远而简略细微之弊。

仪式不可缺,涵义不可忘。如古人所言:"处丧有礼矣,而哀为主。"文明,唯其形式与精神相合而显其生命。

十五 吾友张也章

子游曰:"吾友张也为难能也,然而未仁。"

子张的行止为常人所难能,但子游以为仍未足以称仁。

仁是儒家宗旨,是出发点,也是归宿。照理,恻隐同情之心每个人都与生俱来,何以难能可贵的子张却没有呢?也许这里的"未仁",专指最后的归宿。如此,自然是一个很高的境地,子张未能达到也很能理解。但更可能的还是指子张平时就缺少仁爱之心。

平常生活中,可见许多人待人接物很理性,处理问题很得体,许多常人难以完成的事也能极好担当,但就是缺少那么一点人情味儿。也许子张便是如此。

十六　堂堂乎张也章

曾子曰："堂堂乎张也，难与并为仁矣。"

此章仍讲子张"未仁"。与上章子游偏于行为上的某种肯定不同，此章曾子似着眼于整个气象的称赞。想来子张真的是很好的人，但就是缺少人情，否则曾子何至于说"难与并为仁"？

人固然是理性的，也应该是理性的，但人终究又是情感的，而且本能上更是情感的，因为人首先是有血有肉的生命。一个人如无情，无论多么优秀，终难让人与之"并为仁矣"。试想未来智能社会到来，智人将完美地承担起俗人的事务，但俗人又将如何与智人"并为仁矣"？

十七　人未有自致者章

曾子曰："吾闻诸夫子：人未有自致者也，必也亲丧乎！"

人动真情时，会倾心倾力。孔子以为失去父母最为伤情，其他事情或能从缓，亲丧是一定会全力以赴的。

由此或能识情。情如水，水至柔而无坚不摧。情舒缓时，似水柔软；情汹涌时，排山倒海。一人之情尚如此，若群情激奋，其状自然更猛烈。

儒学是人学，人的存在既然如此呈现于情，则情的面对与处置自然是儒学的关键。接受人的情感,理解人的情感,进而怡和人的情感,既使人的生命循理尊义,又使人的生命情趣盎然,这实是儒学的生命理想。

十八　孟庄子之孝章

曾子曰:"吾闻诸夫子:孟庄子之孝也,其他可能也;其不改父之臣与父之政,是难能也。"

孟庄子是鲁国大夫,其父有贤德,孟庄子不仅任用父亲旧臣,而且沿用父亲政策,孔子以为这是孟庄子孝行中最难得的。

"孝",通常以为是赡养、敬顺父母,但这是基本要求。更高的要求是《中庸》讲的"善继人之志,善述人之事",是后代人创造性地继承前代人的事业。

只是"一朝天子一朝臣",这不仅是天子的要求,而且往往也是臣子的要求。孟庄子留用父亲旧臣,沿用父亲政策,这意味着他不仅虚怀若谷,而且少有私意,这对拥有权力的人确实很难做到。

十九　孟氏使阳肤为士师章

孟氏使阳肤为士师,问于曾子。曾子曰:"上失其道,民散久矣。如得其情,则哀矜而勿喜。"

政治昏暗，社会失秩，百姓自然各是其是，呈现出离散状态。在这种情况下担任公职，处理犯案，一方面当然要秉公执法，照章办事，另一方面则应心怀悲悯，而不能因为案子处理平息而沾沾自喜。

"哀矜而勿喜"，涉及的是法与情的平衡。执法是理性社会的必须，不执法不足以维系社会秩序；但如果以执法了事而自得，则失去了人的情怀。社会维系，表层依靠的是法，深层还是人心的彼此关怀。如果人人寡恩薄情，即便社会井然有序，也是极其无味的。

二十　纣之不善章

子贡曰："纣之不善，不如是之甚也。是以君子恶居下流，天下之恶皆归焉。"

天下之美名，归于尧、舜；天下之恶名，归于桀、纣。人一旦被定视，美、恶之名往往就会固定集中。这似乎不免有点荒谬。只是人作为群体动物，不管是三人成虎，还是集体无意识，这种荒谬大概也很难彻底避免，况且还有人有意来促成这种事。

人既然无法摆脱这种荒谬，唯一的办法只能自惜自重，不要让自己陷于下流。事实上，尧、舜之美，桀、纣之恶，他们的形象终究是自己型塑的。因此，世有公论，或者说，人民的眼睛是雪亮的，也终是对的。

二十一　君子之过章

子贡曰:"君子之过也,如日月之食焉:过也,人皆见之;更也,人皆仰之。"

日月经天,其蚀食,人皆见之。一个人立身行事如坦坦荡荡,其过错与改正,大家也都能看到。

坦荡与否,根本取决于公私义利的立场。人若秉公循义,自然坦荡;有私心,谋私利,则唯恐别人批评,要找各种理由加以文饰。

只是公私义利之心既要靠自己自省、掌控,也要有适当的方式来促成、保证,最有效者莫过于公开。凡事公开,不遮掩,由人评说,则动机与效果更能为人所见,也能让自己把自己看得更清楚。子贡引日月为喻,形象真切,言简意赅。

二十二　卫公孙朝问于子贡章

卫公孙朝问于子贡曰:"仲尼焉学?"子贡曰:"文、武之道,未坠于地,在人。贤者识其大者,不贤者识其小者。莫不有文、武之道焉。夫子焉不学?而亦何常师之有?"

学什么? 如何学? 这是求学者共同的疑问。子贡对卫国大夫公孙朝的回答呈现了非常善于学习的孔子:没有固定的老师,文王、武王开创的宗周文明虽已衰败,但没完全毁灭,贤者那里可以学到大的内容,不贤者那里可以学到小的内容。

学习虽由某一方面开始,但更是开放的过程。如执泥于一隅,就等于将窗户一扇扇关上,看到的只能是一扇窗外的风景。开放不等于自我放逐,而恰恰是主体性的确立。学习需要鉴别。学无常师,道之所在,师之所存。

二十三　叔孙武叔语大夫章

叔孙武叔语大夫于朝曰:"子贡贤于仲尼。"子服景伯以告子贡。子贡曰:"譬之宫墙,赐之墙也及肩,窥见屋家之好。夫子之墙数仞,不得其门而入,不见宗庙之美、百官之富。得其门者或寡矣。夫子之云,不亦宜乎!"

孔子曾讲自己通达不如子贡,可以想见子贡非常精明强干、通晓事务,叔孙武叔称誉子贡也绝不奇怪。只是他认为子贡贤于孔子,子贡就不能不回应了。

子贡以宫墙为喻。自己的墙如肩高,墙内一览无余;孔子的墙高数仞,不入内不足以见究竟,而能入门者又很少。叔孙武叔恰恰是入不了门的,自然无法领略孔门的富美了。

几乎所有伟大的思想都有其深刻丰富性,并不是那么容易看清的,更不用说一分为二、妄加评论了。只有虚心体会,才能入门。

二十四　叔孙武叔毁仲尼章

叔孙武叔毁仲尼。子贡曰:"无以为也!仲尼不可毁也。他人之贤者,丘陵也,犹可逾也;仲尼,日月也,无得而逾焉。人虽欲自绝,其何伤于日月乎?多见其不知量也。"

联系上章,可知叔孙武叔显然不只是赞誉子贡,而是故意借子贡诋毁孔子。

孔子对于中国人的生活与精神具有奠基性的意义,子贡比为日月。后人也讲过:"天不生仲尼,万古如长夜。"

有些美好的东西,如遇到无识见的人,可以丢弃,甚至加以损坏。但是对于太阳与月亮,人如不喜欢,那是自绝,如果还妄想毁伤,就太不知量了。毁伤孔子,这样的事情历史上也发生过,而且很凶猛,还想要别立一个太阳,但结果如子贡所讲:无伤于孔子,多见不知量。

二十五　陈子禽谓子贡章

陈子禽谓子贡曰:"子为恭也,仲尼岂贤于子乎?"子贡曰:"君子一言以为知,一言以为不知,言不可不慎也。夫子之不可及也,犹天之不可阶而升也。夫子之得邦家者,所谓立之斯立,道之斯行,绥之斯来,动之斯和。其生也荣,其死也哀。如之何其可及也?"

《韩诗外传》载:子贡告知齐景公,孔子不是贤,而是圣。景公问圣如何,子贡答以不知,景公愤怒,以为子贡无礼。子贡解释,自己终身戴天践地,却不知天之高、地之厚。孔子之圣如天地,正可与此章天阶之喻相印证。

子贡又以人间事阐明。如孔子得封邦邑,能使人自立前行,安抚即能归附,鼓舞就获响应,生前誉满天下,逝后备享哀荣。

孔子之圣虽上下与天地同流,但功德终在人间;唯其在人间,故圣及天地。儒家的神圣不在彼岸,而在此岸。

尧曰第二十

不知命,无以为君子也;
不知礼,无以立也;
不知言,无以知人也。

尧曰第二十

一 尧曰咨尔舜章

尧曰:"咨!尔舜!天之历数在尔躬,允执其中。四海困穷,天禄永终。"舜亦以命禹。曰:"予小子履敢用玄牡,敢昭告于皇皇后帝:有罪不敢赦。帝臣不蔽,简在帝心。朕躬有罪,无以万方;万方有罪,罪在朕躬。"周有大赉,善人是富。"虽有周亲,不如仁人。百姓有过,在予一人。"谨权量,审法度,修废官,四方之政行焉。兴灭国,继绝世,举逸民,天下之民归心焉。所重:民、食、丧、祭。宽则得众,信则民任焉。敏则有功,公则说。

此章记录尧、舜等话语,与《论语》记录孔子及其门弟子的问答体例不同。前人或以为孔子常讲这些历史,《论语》编到最后,摘要汇集,以著明儒学根本,以及孔子与此传统的一脉相承。

前一部分记言,尧、舜之咨命,汤、武之誓辞;后一部分述事,集大成的周朝政治举措。咨命、誓辞的核心精神是警示天子须以民为本。政治举措的宗旨在建立好制度与得民心,重心在人民、民生以及丧祭呈现的生命尊重与文明传承,路径在宽厚、诚信、勤敏、公正。

二 子张问章

子张问于孔子曰:"何如斯可以从政矣?"子曰:"尊五美,屏四恶,斯可以从政矣。"子张曰："何谓五美？"子曰："君子惠而不费，劳而不怨，欲而不贪，泰而不骄，威而不猛。"子张曰："何谓惠而不费？"子曰："因民之所利而利之，斯不亦惠而不费乎？择可劳而劳之，又谁怨？欲仁而得仁，又焉贪？君子无众寡，无小大，无敢慢，斯不亦泰而不骄乎？君子正其衣冠，尊其瞻视，俨然人望而畏之，斯不亦威而不猛乎？"子张曰："何谓四恶？"子曰："不教而杀谓之虐；不戒视成谓之暴；慢令致期谓之贼；犹之与人也，出纳之吝，谓之有司。"

《论语》中问政多条，但此章完备。此章接着上一章对于尧、舜、汤、武的记述，表达了孔子的政治理念，阐明儒家的政治观。

孔子政治理念的全部关注就是人。"五美"是从正面来揭示政治应该如何尊重人，"四恶"是从反面来警示政治尊重人的底线。人是政治的目的，顺民心是政治的根本路径。民心顺，一切顺。

朱子指出类似"五美"、"四恶"的表述法，如《阳货》讲"六言六蔽"，多见于《论语》后半部，近乎《孔子家语》。似说明《论语》前半部的记录更原始。

三 不知命章

子曰："不知命，无以为君子也；不知礼，无以立也；不知言，无以知人也。"

语言如皮肤，人脱不掉皮肤，人活在语言中。听懂人讲话，也就知人了。做事都有章法,礼就是章法。不知章法,手足不知所措。

礼与言易知,命难知。命就是令,知命即遵令。人使自己成为人,尤其是君子,就须遵守超越动物的命令,这就是天理与良心。朱子讲,死生自有定命,若合死于水火或刀兵,亦无法逃。这话粗,但知命就是如此;如这不信,见利便趋,见害就避,便是不知命。

《论语》从"不愠"为君子始,到"不知命"无以为君子终,意味深长。

跋

今天写完"不知命"章,屈指算来,已近两年。这次重温《论语》,取朱子《论语集注》、《语类》与杨树达《论语疏证》,偶及其余,算是以宋学为宗,兼摄汉学,或亦是经史并重吧。温故知新,受用无穷,难以言喻。

四库馆臣尝讥刺:"坊刻《四书》讲章,则旋生旋灭,有若浮沤;旋灭旋生,又几如扫叶,虽隶首不能算其数……取其书而观之,实不过陈因旧本,增损数条,即别标一书目,别题一撰人而已。如斯之类,其存不足取,其亡不足惜,其剽窃重复不足考辨,其庸陋鄙俚亦不足纠弹……置之不问可矣。"

也许这册《不舍论语》也只是一点泡沫、一片落叶,我已标明所本,大抵剽窃可免,重复难逃。如果它也能为江河之洪流存一抹印象,季节的变换添一点颜色,吾愿足矣。

何 俊
丙申大雪于浙江浦江旅次